电子竞技新论

张 轩 巩晓亮 主编

电子工业出版社
Publishing House of Electronics Industry
北京·BEIJING

内 容 简 介

本书编委由上海久意电子竞技有限公司等重要一线平台从业者，华东师范大学、上海戏剧学院等高校学者，以及上海SMG集团相关专家、知名电竞选手等共同组成，包含了产、学、研三方面的精英，在大量国内外专业资料和对相关人士的采访基础上，凝练成书。

本书从电子竞技的概念、电子竞技的现状和发展前景、电子竞技项目的类型、电子竞技赛事、电子竞技产业、电子竞技政策与监管、电子竞技与社会文化、互联网时代的电子竞技八个方面，系统地介绍了电子竞技全产业的情况，方便读者全面、迅速地了解电子竞技。

本书资料丰富、内容翔实，体系严谨、理论科学，适合高等院校、高等职业技术院校相关专业学生作为教材使用。

电子竞技作为一项新兴的国际运动项目，已得到社会各界的支持与关注，希望此书不仅能给相关学者提供理论支持，也能让更多的爱好者和关注者从中受益，促使电子竞技产业健康持续发展。

未经许可，不得以任何方式复制或抄袭本书之部分或全部内容。
版权所有，侵权必究。

图书在版编目（CIP）数据

电子竞技新论 / 张轩，巩晓亮主编. —北京：电子工业出版社，2019.4
ISBN 978-7-121-35055-9

Ⅰ. ①电… Ⅱ. ①张… ②巩… Ⅲ. ①电子游戏—运动竞赛 Ⅳ. ①G898.3

中国版本图书馆 CIP 数据核字（2018）第 212752 号

策划编辑：刘志红　申凯旗
责任编辑：刘志红
印　　刷：山东华立印务有限公司
装　　订：山东华立印务有限公司
出版发行：电子工业出版社
　　　　　北京市海淀区万寿路 173 信箱　　邮编：100036
开　　本：880×1 230　1/32　印张：7.75　字数：206 千字
版　　次：2019 年 4 月第 1 版
印　　次：2019 年 4 月第 1 次印刷
定　　价：48.00 元

凡所购买电子工业出版社图书有缺损问题，请向购买书店调换。若书店售缺，请与本社发行部联系，联系及邮购电话：(010) 88254888，88258888。
质量投诉请发邮件至 zlts@phei.com.cn，盗版侵权举报请发邮件至 dbqq@phei.com.cn。
本书咨询方式：(010) 88254479。

编委会成员

顾问

申江婴	新华网党委常委、副总裁、董事
武锁宁	中国通信企业协会副会长
彭 超	中国信息产业网常务副总裁

主任

陆 军	中国电子竞技大会（CIG）组委会执行主任
张 轩	久意电竞的创始人，自久意2015年承办中国电子竞技大会（CIG）开始，就一直担任CIG组委会的常务副秘书长

副主任

张大鹏	上海戏剧学院艺术学理论博士，现任上海戏剧学院电影电视学院副教授
巩晓亮	毕业于复旦大学新闻学院，硕士。原上海文广新闻传媒集团电视新闻中心资深主持人、记者，现任华东师范大学教授。
郭金鑫	讲师，毕业于上海戏剧学院舞台美术系，2014年获MFA艺术硕士学位，现任职于上海戏剧学院电影电视学院

委员

杨 帆	从事企业管理运营工作5年以上
张天齐	资深运营，从事电竞新媒体工作3年以上
余文杰	资深运营，从事电竞运营工作5年以上
钱晓磊	优秀教育工作者，从事电竞教育行业5年以上
唐文超	从事数据分析网站运营3年以上
汪 琪	培训讲师，从事教育行业工作5年
刘 杨	俱乐部经理，从事电竞俱乐部运营管理5年以上

前　　言

随着时代的发展，电竞逐渐成了大家关注的焦点，只不过认知的角度各有不同。资本津津乐道，学界暗中观察；选手们大展身手，解说们口若悬河；孩子们跃跃欲试，家长们惴惴不安。

本书深入研究了电竞的本体与外延，在大量数据和资料的研究基础上，给予了电竞在文化、体育、商业等不同层面的内涵和定义。

目前来看，从2003年电子竞技被国家体育总局设立为第99个体育项目开始，到2008年被列为在国家层面开展的体育比赛项目，再到2018年，雅加达亚运会的表演首秀，电子竞技在体育的土壤中生根发芽。作为一项体育运动，电子竞技的真正赛场当然不是一台小小的硬件设备，而是每个运动个体的反应能力，脑、眼及四肢的协调能力，意志力及团队协作能力，从这一点出发，电子竞技的体育属性十分特殊。

然而，这些内在的能力的比拼，似乎没有传统竞技体育来得那样直观和显著。电子竞技似乎高度依赖硬件设备、内容提供商和比赛者经验。如何将电子竞技的体育属性凸显出来，保证公平、公正的竞技基础和更高、更快、更强的目标追求，是摆在所有从业人员面前的一道难题。

同时，电子竞技也是当代社会的一种重要文化现象。电子游戏既然作为一种游戏，必然具有自由参与的自愿行为、以愉悦为目的的娱乐行为、存在目标与竞争的对抗行为、有规则存在的限制行为、与现实相对隔离的虚拟行为、共同经验与共同体的协作行为等特征。不仅如此，电子游戏因为带来了广泛的玩家群体，其中的一部分人自发聚集在一起,在一定的规则约束下在游戏中开始了竞技,这也就是电子竞技的产生背景。于是,电子竞技必然会带来广泛的群体需求,例如对游戏文化内涵和周边产品的审美要求,对协作方式和交流渠道的社交要求,对游戏本身与其他产业结合的跨界要求等。这些要求交织在一起,带来了更多的关注可能。这种现象级的文化表现当然也值得我们关注。

最后,电子竞技还有着高度的延展性。体育属性使它架建起了由生产商、赞助商、俱乐部、赛事主办方等各个群体组成的产业链条。文化属性使电子竞技又与视频网站、直播平台、文化周边等方面有机结合。电子竞技成了商业领域的后起之秀,具备了完整的商业价值,表现出了高度的商品属性。如前所述,电子竞技产业的参与者包括游戏开发商与运营商、赛事主办方与承办方、俱乐部、选手等,周边产业包括了相关的门户网站与专业论坛、平面媒体与新媒体、电商平台等。电子竞技的商业特性,也需要我们用科学的商业系统理论进行近距离观察与分析。

这就是本书据此呈现出来的三条逻辑线索。

第一,关注电子竞技的体育属性,特别是参与主体、相关政策与选手本身的体育赛事历程,将电子竞技作为体育事业的一部分进行观察分析。

第二,展示电子竞技的文化属性,主要包括游戏内容、构成要素、社会影响、舆论反馈等方面,说明电子竞技具有长期发展的群众基础。

第三,涉及电子竞技的商品属性。本书也用了大量的篇幅叙述了政策部分与职能部门、产业的上下游链条、商业模式的观察等,以期能为学习者提供翔实的参考依据。

无论生长环境和发展过程如何艰难，但是，电竞顽强的生命力让它得到了有关部门的高度重视，正在走向规范、科学的发展之路。让我们共同呵护这一新生事物，让它为社会主义文化事业的繁荣做出应有的贡献。

张　轩

2018 年 9 月 1 日

目　　录

- 第1章　电子竞技的概念和界定 ·· 1
  - 1.1　电子竞技的概念 ·· 1
  - 1.2　电子竞技的属性 ·· 3
    - 1.2.1　电子竞技与电子游戏的关系与区别 ······························ 3
    - 1.2.2　电子竞技与传统体育竞技的关系与区别 ························ 5
- 第2章　电子竞技概况 ·· 9
  - 2.1　电子竞技发展概况 ··· 9
    - 2.1.1　电子游戏发展概况 ·· 9
    - 2.1.2　主要电竞赛事概况 ·· 10
    - 2.1.3　电子竞技俱乐部概况 ··· 14
  - 2.2　全球电子竞技现状 ··· 15
    - 2.2.1　全球市场状况 ·· 15
    - 2.2.2　中国市场状况 ·· 19
  - 2.3　中国电竞市场发展前景 ··· 20
- 第3章　游戏分类 ··· 23
  - 3.1　主流电竞项目 ··· 23
    - 3.1.1　MOBA类游戏 ··· 23
    - 3.1.2　FPS类游戏 ··· 34
    - 3.1.3　RTS类游戏 ··· 47
    - 3.1.4　格斗类游戏 ··· 59
    - 3.1.5　卡牌类游戏 ··· 70
  - 3.2　其他 ··· 76
    - 3.2.1　休闲游戏 ·· 76
    - 3.2.2　棋牌游戏 ·· 81
  - 3.3　数字体育 ··· 84

  3.3.1 无人机 ……………………………………………… 84
  3.3.2 机器人 ……………………………………………… 90

第4章 产业 …………………………………………………… 96
4.1 赛事 …………………………………………………… 96
  4.1.1 赛事类别 …………………………………………… 96
  4.1.2 赛事架构 …………………………………………… 107
  4.1.3 赛事主办与执行 …………………………………… 107
4.2 俱乐部 ………………………………………………… 113
  4.2.1 俱乐部在产业中的地位 …………………………… 113
  4.2.2 俱乐部的架构 ……………………………………… 114
  4.2.3 俱乐部的商业模式 ………………………………… 117
  4.2.4 俱乐部联盟体系 …………………………………… 120
4.3 游戏厂商 ……………………………………………… 123
  4.3.1 游戏研发商 ………………………………………… 123
  4.3.2 游戏运营商 ………………………………………… 127
4.4 媒体 …………………………………………………… 130
  4.4.1 传统媒体 …………………………………………… 130
  4.4.2 网络媒体 …………………………………………… 137
  4.4.3 自媒体 ……………………………………………… 145
4.5 衍生产品 ……………………………………………… 148
  4.5.1 电竞设备 …………………………………………… 148
  4.5.2 电竞周边 …………………………………………… 152
  4.5.3 电竞地产 …………………………………………… 156
  4.5.4 经纪公司 …………………………………………… 160
  4.5.5 数据分析 …………………………………………… 163
  4.5.6 电竞教育 …………………………………………… 166

第5章 政策 …………………………………………………… 169
5.1 相关政策 ……………………………………………… 169
  5.1.1 政策的发展与变化 ………………………………… 169
  5.1.2 系列政策出台：从压制到扶持 …………………… 172
  5.1.3 相关各部门政策分析 ……………………………… 175

5.2 监管部门 ··· 177
 5.2.1 公安部门 ··· 178
 5.2.2 文化部门 ··· 179
 5.2.3 工信部 ··· 181
 5.2.4 广电总局 ··· 184
 5.2.5 网信办 ··· 186

第6章 从业 ··· 189

6.1 从业之路 ··· 189
 6.1.1 电子竞技前景展望 ··· 189
 6.1.2 着眼未来，做好职业规划 ··· 190
 6.1.3 有针对性地培养个人能力 ··· 192

6.2 现状 ··· 194
 6.2.1 对策 ··· 194

6.3 如何成为一名电子竞技职业选手 ··· 195

6.4 人才缺口 ··· 197

6.5 岗位方向 ··· 200

第7章 价值 ··· 208

7.1 经济价值 ··· 209
 7.1.1 赛事 ··· 209
 7.1.2 游戏 ··· 210

7.2 文化价值 ··· 213
 7.2.1 文化认同 ··· 213
 7.2.2 文化传播与交流 ··· 214
 7.2.3 文化消费 ··· 217

7.3 社会价值 ··· 218
 7.3.1 增加就业岗位 ··· 219
 7.3.2 传递体育精神 ··· 219
 7.3.3 提高个人素质 ··· 221

电竞名词表 ··· 222

第1章　电子竞技的概念和界定

1.1　电子竞技的概念

2003年11月18日，国家体育总局正式批准将电子竞技列为第99个正式体育竞赛项。2008年，国家体育总局将电子竞技改批为第78个正式体育竞赛项。至此，电子竞技不仅摆脱了困扰已久的身份问题，而且定位于运动性质的电子竞技的内涵也终于尘埃落定。

电子竞技是以信息技术为核心，以体育规则为导向，以现代科技软硬件设备为载体进行的人与人之间、人与机器之间、机器与机器之间的对抗性运动。电子竞技运动作为一种新的运动形态和运动模式，可以锻炼和提高参与者的思维能力、反应能力、心眼四肢协调能力，培养参与者的个体意志力与团队协作精神。

当然，电子竞技作为一种新兴的运动项目，与传统体育的定义不同。因为电子竞技充分依赖于软硬件设备，所以从其他角度来看，电子竞技的定义还可以有其他外延。

从狭义上看，电子竞技特指在公平的竞技规则下进行对抗的电子游戏，游戏性是其重要表征，对抗性是其主要特点，是为游戏论。

从广义上看，不仅作为游戏主体，电子竞技还包括了电竞赛事等群体活动、俱乐部等运营主体，以及媒体等传播渠道的一整条产业链，是为产业论。

此外，电子竞技还可以被看作广义上的产品。产品是指能够供给市场,被人们使用和消费,并能满足人们某种需求的任何东西,包括有形的物品、无形的服务、组织、观念或它们的组合。电子竞技所提供的游戏对抗、媒体报道、赛事活动和其他周边,既包括有形的商品,也包括无形的服务,是为产品论。

作为一种商业产品,电子竞技主要包含以下3种产品形态。

1. 游戏产品

电子竞技是在电子游戏(如图1-1所示)的基础上诞生的。现代电子竞技首先立足于通过游戏开发商与游戏运营商向大众提供电子游戏产品。例如,《英雄联盟》就是由拳头公司开发、腾讯游戏代理中国大陆地区运营的可以作为竞技模式的电子游戏。

图 1-1 电子游戏示意图

2. 传播产品

电子竞技可以传播产品，其中包括电竞赛事和电竞相关信息的传播。电竞赛事包括民间自发的业余赛事和大型的职业赛事，而信息传播包括电竞媒体和直播平台等方面。

3. 周边产品

电子竞技还拉动了其周边产品的消费，热门周边产品包括和电子竞技有关的服装、音像制品、玩具和纪念品等。

在科学技术日新月异、商业形态错综复杂、认知角度千差万别的情况下，任何新兴事物都不能以一种固有的模式去简单定义。很多时候，多维度的描述也许更接近事物的本质特征。本书将着重从运动角度来认知电子竞技。

现在，电子竞技已经发展成为有着巨大发展空间的新兴产业，这既是科技发展的产物，也是时代发展的必然。电子竞技产业作为科技产业、文化产业、体育产业和传媒产业的集合体，具有强大的发展潜力，可以带动相关产业共同进步，带来丰厚的经济效益和巨大的社会影响。

1.2 电子竞技的属性

1.2.1 电子竞技与电子游戏的关系与区别

1. 电子竞技与电子游戏的关系

游戏作为人类最古老的娱乐活动之一，从古至今，许多学者进行了多方面的关注和研究。从柏拉图开始，康德、斯宾塞、席勒等哲学家都非常关注对于游戏概念的哲学探索。在此基础上，我们认为游戏是一种被人类极大丰富了的生物行为，并将游戏的本质归纳为六种特征：自由

（free）参与的自愿行为；以愉悦（fun）为目的的娱乐行为；存在目标（goal）与竞争（contest）的对抗行为；必须有规则（rule）存在的限制行为；与现实相对隔离的虚拟行为；共同经验与共同体（community）的协作行为。电子竞技示意图如图1-2所示。

图1-2 电子竞技示意图

电子游戏既然作为一种游戏，当然也具备上述特征。在电子游戏中，游戏设计者建造了一个虚拟的游戏空间，与现实相区别。玩家按照一定的规则在游戏中联合或者对抗，得到共同的游戏体验。玩家为了娱乐的目的，完成游戏中的任务，或者通过游戏的全部关卡。

电子游戏带来了广泛的玩家群体，其中一部分玩家自发地聚集在一起，在一定的规则约束下在游戏中竞技，这就是电子竞技的雏形。换句话说，电子竞技是有组织的群体性的电子游戏活动。

2. 电子竞技与电子游戏的区别

但是，电子竞技与电子游戏却有着本质的不同，不能混为一谈。电子游戏与电子竞技的区别可以归纳为以下三点。

第一，两者的最终目的不同。电子游戏诞生的目的就是为了满足人们的娱乐需求。电子竞技是一种运动，重视在竞技过程中的对抗。电子游戏玩家在游戏的虚拟世界中扮演一定的角色，从而获得游戏体验。电子竞技是以电子游戏为基础，在游戏环境中进行对抗，重点是获得本体的技能提升。

第二，两者的运行规则不同。电子竞技是在统一的比赛规则下进行的，每场比赛都有严格的规则限制，在规定要求内取得相应的比赛成绩。电子游戏则没有统一的规则，并且通常不受时间的限制。

第三，两者的根本属性不同。电子竞技是参赛选手之间进行的比赛，选手们需要恪守体育精神，通过体力和智力的比拼，最终通过比赛成绩判定胜负。电子游戏是人机对战或者人与人之间的虚拟交流，是娱乐性的活动，胜负不是必然结果。运动性与娱乐性，这也是电子竞技和电子游戏之间最主要的差别。

1.2.2 电子竞技与传统体育竞技的关系与区别

1. 电子竞技与传统体育竞技的关系

运动通常是指一种涉及体力和技巧的活动，具有竞争性。当把这种竞争性附加上一些规则时，则从运动转变成了体育运动。国际体育联合会认为，一项体育运动应当符合如下条件：（1）有竞争要素；（2）对于生命体无伤害；（3）不依赖于某个单一体育器材提供商（不含室内美式足球这样有规则专利的运动）；（4）不包含刻意为比赛设计的运气因素。

电子竞技包含两个基本构成要素：电子和竞技。"电子"是指这项活动的进行方式和实现手段，即这项活动是在借助现代科技发展所产生的各种软、硬件设备集体作用下实现的，这类似于传统体育项目所必需的运动场地和运动器械。"竞技"则代表比赛结果的不确定性和比赛过程中激烈的对抗。电子竞技具有高度的对抗性，并且遵循一定的规则，因此，具有体育运动的基本属性，应该包含在体育运动的范畴内。从这一角度出发，电子竞技与传统体育项目同根同源，只是载体不同，电子竞技运动比赛示意图如图 1-3 所示。

图 1-3　电子竞技运动比赛示意图

比如目前一些主流电子竞技游戏类型，如第一人称射击、即时战略、棋牌等，都体现了体育精神，是体育运动的电子化，亦可称为电子游戏的体育化。电子竞技选手在比赛过程中，能够提高思维能力和反应能力，还可以培养团队协作精神和意志力。参与电子竞技活动，能使人更加适应信息时代的发展需要。

过去，人们对于电子竞技是否属于体育项目存在争论。现在，国际体育界已经达成了共识：确定电子竞技为正式的现代体育项目之一。我国国家体育总局将电子竞技列为正式的体育项目，也是基于这一共识。同时，电子竞技具有广泛的社会基础，将之纳入正式体育运动之列，符合基本国情的需要。

2. 电子竞技与传统体育竞技的区别

同样，电子竞技和传统体育竞技之间也存在很多区别，主要是以下三点。

传统体育项目基于对人体本身物理属性的认知，无论是田径还是其他竞技类项目，更突出的是身体本身可见可感的直接对抗或者外部变化，而电子游戏的身体运动表征并不是非常突出的。

传统体育除个别项目之外，是属于全人类共同所有的文化财富，而电子竞技的游戏项目的解释权和举办权归属游戏厂商，具有一定排他性。也因此有人担心，当电子游戏厂商具有足够强大的话语权时，会利用自身的优势形成垄断，对电子竞技的运动属性构成伤害。

传统体育项目经过长期的发展，已经形成了稳定的竞赛规则和竞赛机制。而电子竞技的热门游戏项目演变速度快，单一游戏本身的变化速度也很快，这使得电子竞技规则变化速度快，变化幅度大，缺乏足够的稳定性。

综上，要想打通电子竞技和传统体育之间的壁垒，仍然需要进一步的努力。

一方面，电子竞技作为一项新兴的体育运动，正在向更深层次的体育化改造发展。另一方面,传统体育也在悄然发生改变,体育运动的全球化和商业化趋势已不可阻挡,并且正逐渐加入电子化和虚拟化的特征。总之,电子技术和信息技术是当代社会的基石,因此,我们有理由相信,根植于电子技术的电子竞技运动对未来的体育发展将产生深远的影响。

第 2 章　电子竞技概况

2.1　电子竞技发展概况

2.1.1　电子游戏发展概况

1947 年，美国的 Thomas T. Goldsmith Jr. 和 Estle Ray Mann 共同设计了《阴极射线管娱乐装置》。玩家在屏幕上可以看到一个 CTR 光束投射的点，通过旋转控制按钮可以调整该点的位置。在游戏屏幕上，这个点代表飞机，按下按钮则代表朝飞机开火。在按下按钮时，如果光束射入预设的机械坐标，那么 CTR 光束就会散焦，这就意味着飞机被击中了。这就是人类历史上的首款电子游戏。

1972 年，在电子竞技史上占有重要地位的雅达利公司成立，并制作出了第一款风靡全球的游戏 *PONG*。短短两年内，雅达利的街机销量就达到了 1 万台。随后，雅达利推出了家用游戏机并获得成功。

1980 年，雅达利举办了一场《太空侵略者锦标赛》游戏竞赛，参与人数超过了 1 万人。从那时起，游戏玩家们就对电子竞技趋之若鹜，这种狂热的情绪一直持续到了今天。

1982 年，雅达利将日本游戏《吃豆人》移植到了家用游戏机上，但是遭到了失败。随后，众多游戏开发商涌入市场，出品的游戏良莠不齐。在当时雅达利实施的"数量压倒质量"的政策下，一年之内美国市场上出现了近万款游戏，大量同质化的垃圾游戏让美国玩家彻底失去信心。

1983 年圣诞季，雅达利母公司华纳用 6 个星期制作的《ET 外星人》同名游戏上市，粗糙的质量遭玩家唾弃，让大量游戏卡带只能烂在仓库里。雅达利的声望跌至谷底，华纳不得不将一代霸主分拆出售，史称"雅达利大崩溃"。

在这之后，日本的任天堂从雅达利手中接过了大旗，连续出品了备受欢迎的游戏和游戏主机。同时，任天堂也看到电子竞技赛事的魅力，于 1990 年在好莱坞环球影城举办了首届任天堂世界锦标赛。比赛中的游戏有《超级马里奥兄弟》、*Rad Racer* 和《俄罗斯方块》。

到了 20 世纪 90 年代后期，PC 游戏开始大量出现，《雷神之锤》《星际争霸》《反恐精英》等我们耳熟能详的游戏一一诞生，PC 游戏迎来百花齐放的时代。网络的发展也给电子竞技带来了新的突破。PC 凭借可以联网游戏的优势，逐渐成为电子竞技的主流竞技平台，大量电竞赛事随之开始举办。从此之后，电子竞技游戏不断推陈出新，《刀塔》《英雄联盟》等相继吸引了大量玩家的关注。

近年来，随着移动互联网的兴起，手机游戏开始了显著增长，进入了高速发展时期。《王者荣耀》《球球大作战》等游戏都拥有众多拥护者。移动电竞占整个电竞市场规模的份额不断攀升，正成为下一个市场热点。

2.1.2 主要电竞赛事概况

1. 大型单项电竞赛事

（1）TI 赛事。

《刀塔 2》国际邀请赛（The International DOTA2 Championships，TI）。该赛事创立于 2011 年，是一个全球性的电子竞技赛事，每年举办一次，由维尔福公司主办。首届 TI 赛事在德国科隆举办,其后历届决赛地点均为美国西雅图。

TI 赛事深受中国电竞爱好者的欢迎。在 2017 年举办的 TI7 的参赛队伍共 18 支,其中 5 支中国战队出战,分别为 LGD、iG、iG.V、Newbee 和 LFY。经过 10 天的激烈角逐,在最终的决赛上,欧洲劲旅 Liquid 以 3∶0 击败了中国的 Newbee 战队,获得冠军。TI7 举办期间,中国的观赛人数占全球观赛人数总量的 90% 以上。

TI 以高奖金闻名,是世界上所有电子竞技赛事中奖金最高的赛事。在 2016 年举办的 TI6 上,中国的 Wings 战队获得冠军,夺得了 900 多万美元的奖金,打破了当时的吉尼斯世界纪录。次年举办的 TI7 总奖金达到了 2 478 万美元,TI8 奖金超过该数字。

(2) S 系列赛事。

拳头公司举办的《英雄联盟》全球总决赛(World Championship),是热门电子竞技项目《英雄联盟》的官方赛事,也是电子竞技界含金量最高、经济水平最高、知名度最高的赛事之一。这一赛事被称为 S 系列赛,迄今为止已经举行了七届。

中国战队在第二届 S 系列赛上首次亮相,来自大陆的 WE 和 iG 战队止步于八强,而来自中国台北的 TPA 战队获得冠军,这也是中国人在 S 系列赛上取得的最好成绩。随后的几届比赛中,中国战队不乏亮眼的成绩。在 S4 上,皇族战队和 OMG 战队均进入了四强,皇族最终获得亚军。最近的一届 S7 在中国举办,获得了全社会的关注。由国外数据统计网站 Esports Charts 统计的情况来看,S7 半决赛 SKT vs RNG 的比赛中,中国观看直播的观众人数达到 1 亿零 468 万,外国观众人数为 152 万。

S 系列赛的奖金不如 TI 赛事，S7 的总奖金池为 459 万美元。其中，夺冠战队 SSG 独享 172 万美元，余下部分为其他战队分享。

（2）S 系列赛事

2018 年 11 月 3 日，在《英雄联盟》全球总决赛 S8 比赛中，来自中国的 IG 战队凭借高超的竞技水平，经过两小时的比拼，以 3∶0 的总比分战胜欧洲老牌劲旅 FNC 战队，为中国捧回历史上首座 S 系列赛冠军奖杯。

获奖之后，IG 战队成员接受采访时，均表示心情非常激动，为代表中国在世界电子竞技领域站上最高领奖台而感到骄傲。在本届 S8 系列赛上，IG 战队先后战胜了 KT、G2 等强队进入决赛，并最终将 FNC 斩落马下，展示了绝对的实力和统治力。

IG 战队成立于 2011 年，是以王思聪为代表的新锐资本进入电子竞技的标志之一。IG 战队的战绩有目共睹，实力日益提升。在 2017 年举办的 S7 赛事上，IG 战队错失参赛资格。经过一年的厉兵秣马，2018 年 S8 赛事上 IG 一举夺魁。

不出意料，比赛过程中，IG 就很快登上了微博热搜榜，成为人们关注的焦点，单位时间搜索量一度达到 1 035 万次。最终夺冠后，与 IG 相关的话题阅读量达到了破纪录的 1.1 亿次。

《英雄联盟》已经诞生近 10 年，据统计，2018 年拥有稳定玩家人数约 4700 万，与上年相比有小幅增加。由于不断有新游戏涌向市场，《英雄联盟》曾一度风光不再，热度和玩家数量涨幅都有所有下滑。

IG 的夺冠，有助于《英雄联盟》赛事进一步提高其影响力，从而获得继续增长的动力。调查显示，在很多年轻人心目中，《英雄联盟》中国赛区联赛 LPL 和全球总决赛 S 系列赛的吸引力已经超过了传统的体育竞技赛事，如足球五大联赛、NBA赛事甚至奥运会等。

在早前的11月1日，《英雄联盟》官方宣布了未来的三年规划，将对全球各赛区给予更多的支持，进一步提升整个赛事水平。其中，2019年总决赛地点位于欧洲，2020年总决赛将在中国举办，2021年总决赛则将移师北美。

2．综合性赛事

（1）WCG。

WCG（World Cyber Games）创立于2000年，是一个全球性的电子竞技赛事。该项赛事由韩国国际电子营销公司（Internation Cyber Marketing，ICM）主办，并由三星和微软（自2006年起）提供赞助。

WCG承载了中国电竞玩家难以忘怀的辉煌记忆，也是中国的职业电竞选手走向世界的桥梁。中国选手在WCG竞赛史上连续取得了不错的成绩，其中，《魔兽争霸》选手李晓峰（SKY）成为第一个蝉联WCG魔兽争霸项目冠军的选手，也因此成为国内电竞选手的偶像。

（2）CIG。

中国电子竞技大会（China Internet Gaming，CIG）是由中国工业和信息化部发起、各大通信运营商支持的，以网络游戏比赛、展览、论坛、峰会、调查为内容的综合性活动。CIG是迄今为止，国内规格和级别最高、阵容最强、参与人数最多、覆盖范围最广的国家级电子竞技盛会。

首届CIG于2002年在北京举办，赛事内容既包括国际上的主流竞技赛事，也包括广大人民群众喜闻乐见的棋牌游戏等，参赛人数达到了12万人，因此创造了当年赛事参与人数最多的吉尼斯世界纪录。在2003年的第二届CIG比赛上，赛事媒介有效达到率超过1亿人次，再次刷新了吉尼斯纪录。

CIG 为了推广电子竞技，还深入各大高校举办校园联赛，为电子竞技培养了更多新鲜血液。同时，CIG 还邀请了一批国际知名的电竞选手参赛，加强了中外选手的交流，开启了中国电子竞技的国际化进程。

CIG 还扛起了中国数字体育的大旗。早在 2008 年，由奥组委授权，CIG 独家承办了"我们的奥运"活动。这一活动以公益活动的形式带动了我国数字体育的发展，时至今日，我国的数字体育产业已经能够和发达国家并驾齐驱。

2.1.3 电子竞技俱乐部概况

电子竞技的发展离不开俱乐部的参与、支持与运营。目前，职业电子俱乐部成为电子竞技的核心组成部分。

职业电子竞技俱乐部，广义上是指参加电子竞技赛事的俱乐部，在我国是指具有企业法人资格的、拥有由职业电子竞技选手组成的、有资格参加国内外各项职业电子竞技大赛的职业运动队的体育俱乐部。

在中国，职业电子竞技俱乐部的发展可以分为四个阶段：业余战队、半职业战队、职业战队、职业俱乐部。

早期的电子游戏玩家只能进行单机或者局域网游戏，随着网络的发展，一些网吧为了吸引顾客开始组织小型比赛。一些游戏玩家出于爱好自行组队参加比赛，这就是业余战队。随着参与比赛数量的增加和质量的提高，战队成员逐渐固定化，出现了半职业战队，以赢取奖金为目的参加比赛。当战队有了稳定的战绩，便以此谋生，开始在全国各地乃至国际上参加比赛，这就形成了职业战队。一些老队员在退役后转变成管理者，引入了赞助商，对松散的战队进行组织化管理，我国最早的职业电子竞技俱乐部大都由此成立。目前，绝大多数俱乐部都是公司或个人投资组建的，有个别老牌俱乐部是从业余战队发展而来的。

由于早期的电竞俱乐部缺少管理和运营经验，从业人员职业水平良莠不齐，导致俱乐部之间各自为政，甚至出现恶性竞争。随着经济发展，大量社会资本进入电竞行业，为电竞俱乐部引入了现代企业管理制度，使之朝正规化发展。近年来，俱乐部数量不断增多，联盟化成为大势所趋。由电竞俱乐部联盟制定统一的规章制度，便于管理，杜绝过去一盘散沙的现象。

2.2 全球电子竞技现状

2.2.1 全球市场状况

1. 全球电竞市场概况

（1）规模大、产值高、发展迅速。

全球电子竞技经过 20 余年的发展，如今已经成为一个规模庞大的产业，为许多国家创造了大量就业岗位，带来了可观的经济收入。

据业界最权威的荷兰市场调查公司 Newzoo 发布的报告称，2017 年，全球电子竞技收入达到 6.96 亿美元，较上年增长了 41.3%。该收入由几部分组成。其中，赞助商的品牌推广费用占了绝大部分，达到了 5.17 亿美元；排名第二的是游戏生产商，累积收入为 1.16 亿美元；赛事门票收入和周边产品收入总计为 6 400 万美元，还有很大的增长空间。

在 2017 年高速增长的基础上，Newzoo 预计 2018 年全球电竞市场收入增幅将接近四成，金额超过 9 亿美元。电竞观众人数也将上升至 3.8 亿人，比 2017 年增长 13.8%。其中，观看比赛频率较高的忠实观众数量占总人数的40%左右，其余观众只是偶尔观看比赛。

目前，北美是全球最大的电竞市场。据 Newzoo 预计，2018 年北美仍将保持这个地位。北美电竞市场的收入将达到 3.45 亿美元，占比超过三成；欧洲排名第二，收入约为 1.69 亿美元。中国作为后起之秀，发展异常迅速，预计到 2018 年将实现 1.64 亿美元的收入，与欧洲市场基本持平。

来自 Newzoo 的数据也显示，全球电竞市场仍将保持高速发展。从 2015 年至 2020 年，电竞产值的复合年均增长率约为 35.6%。到 2020 年，全球电子竞技行业整体收入将达到 14.88 亿美元。

(2) 获得国际奥委会认可，进入亚运会。

2017 年 10 月，国际奥委会发布声明称："具有竞争性的电子竞技，可以被认为是一种体育运动。电子竞技选手为之付出的准备活动、日常训练的强度等，都可以与传统体育项目的运动员相媲美。"

这意味着电子竞技已经得到了体育界最高级别赛事组织的接纳。国际奥委会认为，电子竞技对全世界年轻人都有很高的吸引力。在这样的时代背景下，国际奥委会将电子竞技认定为一种正式的体育项目，认为奥林匹克将在一个全新的平台继续发挥影响力。

2018 年 5 月，亚洲奥林匹克理事会（简称亚奥理事会）宣布，2018 年韩国平昌举办的第 18 届亚运会上，将有 6 个电子竞技项目作为表演项目登上赛场。这 6 个项目分别是《英雄联盟》、*Arena of Valor*（《王者荣耀》国际版）、《皇室战争》、《实况足球》、《炉石传说》和《星际争霸 II》。

而早在一年前，亚奥理事会就表示接受电子竞技为比赛项目，并在

2017年9月举办的第五届亚洲室内武道运动会上引入了《炉石传说》、《星际争霸Ⅱ》、《拳皇ⅩⅣ》和《刀域2》4个项目参加表演赛。当时有10个国家和地区的代表队参加了角逐，比赛取得了圆满成功。但是从比赛的影响力和举办规模来看，亚洲室内武道运动会与亚运会不可同日而语。因此可以说，在2018年第18届亚运会上初次亮相的电子竞技，迈出了走向国际最高体育赛事舞台的第一步。

据官方媒体报道，2022年将在杭州举办的第19届亚运会，电子竞技不再只作为表演项目，而将成为正式的比赛项目。哪些游戏将入选，现在还有待筛选。可以说，第18届亚运会上登场的6个表演项目是为未来大规模正规化比赛做准备的一次彩排。

2. 电竞发达地区市场概况

电子竞技率先在欧美兴起，并一直保持着强劲的发展动力。当今世界的主要电竞赛事都集中在欧美地区。在亚洲，最先接受和发展电子竞技文化的，非韩国莫属。虽然我国的电子竞技近几年来得到了长足的发展，但是目前亚洲电子竞技的主要代表仍然是韩国。

（1）欧美地区。

欧美地区是电子竞技发展的源头，也是目前最大的市场。2016年，欧洲的电子竞技行业带来的收入高达3.01亿美元，这一数字在2018年预计将增长到3.46亿美元。其中，欧洲最大的电竞市场是瑞典，其单一市场收入为4 080万美元。俄罗斯排名第二，收入为3 540万美元。法国和英国分别以2 250万美元和1 680万美元排名第三和第四位。

电子竞技在欧洲十分普及，2017年，欧洲的电子竞技赛事观众为2 700万人，预计在2018年将达到3 000万人以上。年轻人是电竞爱好者的主流，根据权威市场调查公司SuperData Research在2017年的数据，欧洲的电竞观众中，有三分之二年龄在 18 岁到 34 岁之间。其中，瑞典和荷兰的年轻观众比例最高，达到了 71%。

在美国，电子竞技同样获得年轻人的关注和喜爱，其受欢迎程度不亚于传统的主流体育项目棒球和冰球。有调查数据显示，2000 年之后出生的美国男性，每周都观看电子竞技比赛的人数比例高达 22%，和棒球比赛的观众人数基本相当。另据统计，美国有 73% 的电竞爱好者年龄低于 35 岁。

欧美国家科技产业发达，英特尔、微软和 AMD 等硬件巨头，均位于欧美地区。同时，优秀电子游戏厂商同样众多，因此，电子竞技能够在这里生根发芽，开枝散叶。所以，例如暴雪公司、拳头公司、维尔福公司等全球知名游戏公司的故乡也都在欧美地区。可以说，欧美地区的电竞行业发展最为成熟，从业者收入普遍较高。

（2）韩国。

韩国是亚洲最早发展电竞的国家，也是一个全民电竞的国家。电子竞技是韩国三项最大体育竞技（足球、围棋、电子竞技）之一，也是韩国的三大支柱产业（汽车产业、钢铁产业、电子竞技产业）之一，年产值高达数十亿美元。

当前，韩国在全球电子竞技市场占据 15% 的市场份额，并且还在继续攀升。由此可以看出，韩国的电子竞技产业在全球具有广泛的影响力。在赞助商方面，2017 年，韩国的电子竞技产业得到的赞助费达 212 亿韩元（折合人民币约 1.3 亿元），仅次于足球和棒球的赞助规模。

在韩国电子竞技市场中赛事直播占最大比重，占整体的 44.8%，总价值达到 372 亿 3 000 万韩元（折合人民币约 2.3 亿元）。除此之外，占比从大到小依次是战队预算、流式传输（视频、音频等传输技术）及搜索、线上/线下媒体、奖金等。

韩国电竞产业中市场规模最大的是直播行业，几乎占到了整体市场份额的一半，总产值为 372 亿韩元（折合人民币约为 2.3 亿元）。由于韩国电竞选手的竞技水平较高，很多选手选择到海外战队，尤其是到中国战队中效力。其中的优秀选手年薪平均高达 1 亿韩元（折合人民币约 61 万元），这也带动了韩国国内电竞选手年薪的普遍上涨。2017 年，韩国职业电竞选手的平均年薪为 9 770 万韩元（折合人民币约为 59 万元），较上年提高了 52.5%。

韩国的电竞事业得到了政府的引导和大力支持。韩国政府把电子竞技上升到了与围棋和足球一样的高度，借此使民众增加文化自豪感和民族荣誉感。国民对电竞选手非常崇拜，把他们当作明星看待，电竞选手们只要取得了好成绩，就会获得很高的社会地位和经济收益。韩国的电竞参与者已经形成了独有的文化，民众希望电竞选手为国争光，所以在电子竞技上投注了大量热情。

2.2.2 中国市场状况

在全球电竞市场中，中国占有非常大的比例，贡献了全球市场 15%的份额。尽管我国的电子竞技行业起步较晚，并且由于种种因素经历了诸多挫折，但中国庞大的游戏人口和市场规模仍然为电竞行业提供了丰厚土壤。

在 2016 年，中国电竞市场在经历持续数年的大幅度增长后，市场规模达到 500 亿元人民币。2017 年，中国电子竞技的整体市场规模已经突破了 650 亿元。其中，移动电竞市场占比迅速提升，市场规模达到 303 亿元，已经和端游电竞市场占比持平。目前，中国是亚洲乃至全球游戏收入最高、收入增长最快的国家。相较于 5 年前，中国游戏市场收入增长高达 144%。

然而，电竞市场的各组成要素发展不均衡，电竞运营方最主要的收入来自游戏消费领域，而包括赛事门票、周边衍生产品及赞助商等电竞生态领域的市场占比较小，2016 年仅为 50 亿元。但是和过去相比，中国电竞生态市场份额正在不断攀升，这一部分收入有望在 2019 年达到 138 亿元。

越来越多的中国年轻人接触到电子竞技，这使得电竞观众和参与者人数不断增长。由数据统计网站 Esports Charts 统计的数据来看，2017 年举办的《英雄联盟》S7 半决赛 SKT vs RNG 的比赛中，中国观看直播的观众人数达到 1 亿零 468 万人，而外国观众人数为 152 万人。

从整体上看，当前国内的电竞产业链日臻完善，在场馆、赛事、俱乐部、内容制作公司、传播渠道等方面都有飞速的提升，上、中、下游形成了一个繁荣的生态环境。游戏厂商不断推陈出新，电竞赛事日益丰富，为直播平台提供了大量优质直播内容，吸引了越来越多的年轻人观看电竞，进而参与电竞。可以说，中国电竞行业正处于爆发期。

在世界范围内，韩国对电竞赛事的掌控能力更好，欧美赛事对运营 IP 更加擅长。我国的电竞赛事虽然离美、韩两国仍有较大差距，但从量变到质变的潜力却不容忽视。

2.3　中国电竞市场发展前景

2017 年，有两款手游：《王者荣耀》和《绝地求生》成为当之无愧的现象级产品。由此可见，未来的电竞游戏产品将朝着更加娱乐化，更容易上手的方向发展。同时，《绝地求生》还带动了战术竞技类游戏的发展，使类似题材和玩法的游戏大量出现。

第 2 章　电子竞技概况

数据显示，近几年来，中国电竞市场呈现出了如下态势。

（1）移动电子竞技市场实现爆发性增长。2017 年，移动电子竞技的销售收入占电子竞技总体收入的 65%，比上年占比 35%翻了近一番，和 PC 端电子竞技站在同一条水平线上，移动电子竞技正在获得更多用户的认可，带来的经济收益也逐年增加。在未来，移动电子竞技有巨大的上行空间，可以预见将和传统的 PC 端市场平分秋色，甚至实现超越。

（2）电子竞技赛事质量不断提升，正朝着更加专业化的方向大踏步前进。首先，赛事分级制度将逐渐固定下来，大量数据分析平台将会对赛事进行细致的分析。其次，越来越多的赛事会实现主场化，不但将帮助主场所在城市发展电竞产业，还可以满足当地电竞爱好者的需求。同时，电子竞技赛事将走向联盟化，由联盟进行统一的规范化管理。最后，电子竞技商业化前景也十分看好，将会出现新领域的赞助商，带动电子竞技向更多细分消费领域进军。

（3）电子竞技将成为体育比赛的一个固定的组成部分。作为新兴的产业和体育项目，电子竞技仍然需要行业自律和有关部门的监管，按照一定的标准来进行管理，实现健康、有序的发展。

除此之外，电子竞技的外部环境也在迅速改变。

国家政策正在向积极的方向转变。在 2016 年举办的 TI6 上，中国的 Wings 战队夺冠，央视《新闻 30 分》栏目随后播报了"《刀塔 2》总决赛中国战队夺冠"的消息，该资讯同时在 CCTV-1 综合频道、CCTV-2 财经频道和 CCTV-13 新闻频道中进行播报。2017 年，DAC 亚洲邀请赛期间，央视新闻在官方微博上发文，为参加比赛的中国战队加油，央视体育频道也对比赛进行了报道。

实际上，作为官方媒体的央视一直表现了对电竞话题的高度关注，体现了国家层面对电子竞技的态度是认可和支持的。2016年10月14日，国务院总理李克强主持召开的国务院常务会议指出"要出台加快发展健身休闲产业指导意见，因地制宜，发展冰雪、山地、水上、汽摩、航空等户外运动和电子竞技等"，从中可以清晰地看到，国家已经将电子竞技产业上升为促进消费、带动转型升级的中坚力量。

从全球范围来看，电子竞技的主要消费群体都是年轻人。据估计，全球年轻一代的购买力将会进一步提升。在未来的5年里，年轻群体的消费金额将从当前的6 000亿元增长到1.4万亿元。从80后到千禧一代的消费主力在2017年总共消费了20万亿元，这一数字还将不断增长。由此可见，电子竞技行业对经济的拉动是显而易见的。

欧美国家和韩国作为电子竞技行业的先行者，已经创造了巨大的产值和社会效益。虽然我国的电子竞技产业仍然处于发展阶段，但是未来的发展前景非常乐观。

第3章 游戏分类

3.1 主流电竞项目

3.1.1 MOBA类游戏

1. MOBA的概念

Multiplayer Online Battle Arena Games（MOBA），中文译为多人联机在线竞技游戏，这类游戏具有无须付费、公平竞技和即时对抗等特点。由于无须付费，上手难度低，游戏节奏快且对抗性高，使得MOBA游戏成为当下游戏玩家们最喜爱的游戏之一，产生了不少适合电子竞技的热门游戏。

MOBA游戏通常以5V5的对战模式展开，每位玩家操控自己选择的一名游戏角色与对方玩家争夺地图上显示的资源。通过实战对抗，先移除对方核心建筑的一方为胜。无论是风靡全球的《刀塔》《英雄联盟》（海报如图3-1所示），还是日流水上亿的《王者荣耀》，MOBA游戏已经成为近年来最热门、最受欢迎的游戏类型之一。

2.《刀塔》发展历程

玩过暴雪旗下《星际争霸 I》的玩家也许会知道，游戏中有一张叫 *Aeon of Strife* 的地图。这张地图有3条线路及8个游戏英雄。毫不夸张地说，这张地图就是后来MOBA游戏的生命摇篮，它为《刀塔》的诞生奠定了坚实的基础。2003年，一位高级玩家Eul基于 *Aeon of Strife*

带来的灵感，自己制作了一张地图，并取名为 Defense of the Ancients，简称为 DOTA（《刀塔》，游戏画面如图 3-2 所示）。可以说，Eul 就是《刀塔》之父。随后，其他玩家也可以在初版《刀塔》的基础上继续开发，增加相关设置等。

图 3-1　《英雄联盟》海报

图 3-2　DOTA 游戏画面

《刀塔》采用了与 Aeon of Strife 同样的游戏模式，玩家能够控制英雄在上、中、下三路与对方交战。和原版地图中只有人机对战模式不同的是，《刀塔》中双方的英雄都是由玩家控制的。《刀塔》采用 5 人对 5 人的团战模式，在三条线路上有一些怪物，英雄可以杀死这些怪物获取金币和经验。随着英雄的经验增长，还可以升级，从而提升英雄的能力和属性，最终通过战斗和推塔获得最终胜利。

在玩家们的共同努力下，《刀塔》地图有了进一步的提升。最后，玩家史蒂夫·菲克（Steve Feak）制作出了《刀塔全明星》这张地图，将过去几个版本中的优点加以融合，很快就受到了玩家的热烈欢迎。史蒂夫·菲克后来成为《英雄联盟》的游戏策划。

在玩家们的不断探索之下，《刀塔》地图日益成熟，加入的英雄也越来越多，风靡一时的《刀塔》甚至超过了当时热门的《魔兽争霸 3》。而在如今各种各样的 MOBA 游戏中，《刀塔》中暗含的一些经典元素依然是吸引玩家的关键所在，从中我们仍能看到最原始的地图的影子。

《刀塔全明星》无论获得了多大的成功，都始终是《魔兽争霸 3》中的一个玩家制作的地图，因此对后者的依赖十分严重，这就导致了《刀塔》地图中的英雄只能采用魔兽中的旧有模式，而且无法为开发者带来回报。因此，史蒂夫·菲克从过去的地图编辑团队中辞职，转而与冰蛙（IceFrog）合作。后者为史蒂夫·菲克提供了很多指导和资源，从此，《刀塔》得以在原有的基础上继续提升，地图的平衡性得到了加强，游戏体验也变得更好，因此也越来越受到玩家的追捧。

然而，野路子出身的《刀塔》没有官方，也没有客户端，这意味着《刀塔》没有资金来源，没有团队运作，发展受到极大限制。但 MOBA 游戏的吸引力已经可见一斑，很快游戏厂商们就推出了独立的 MOBA 游戏。

3.《刀塔 2》发展历程

为了摆脱对《魔兽争霸 3》的依赖，让游戏更具可玩性，2009 年，游戏开发商 Value 在原作《刀塔》的基础上开始开发《刀塔 2》（海报如图 3-3 所示），冰蛙作为项目主导者。《刀塔 2》不但完整继承了《刀塔》的一百多位英雄，而且脱离了上一代作品所依赖的《魔兽争霸 3》游戏，拥有更好的画面和特色系统（如匹配、观战、饰品系统）。

图 3-3 《刀塔 2》海报

2013 年 4 月，《刀塔 2》开始测试。因为出色的可玩性、产品质量及继任者对前作者设计风格的良好继承而广受好评，并迅速风靡世界。但让人感到美中不足的是，对于新手来说，《刀塔 2》上手难度比较大。

2013 年，《刀塔 2》获得了最佳策略游戏与最佳多人游戏两项大奖。

根据游戏网站 Steam 在线人数统计网站 GitHyp 发布的数据显示，《刀塔 2》稳坐 2016 年在线人数排行榜榜首，在线人数超过了 128 万人。2017 年，根据 SteamSpy 最新数据显示，《刀塔 2》的玩家数量突破了 1 亿人。

拥有了庞大的玩家基础后，关于《刀塔 2》的专业比赛遍及全球。在所有专业级的锦标赛中，规模最大的《刀塔 2》锦标赛被称为国际邀请赛（TI赛事）。国际邀请赛由维尔福软件公司（Valve）主办，一年一次，除了2011年的第一届T1邀请赛在德国科隆举办之外，其余赛事均在西雅图的钥匙球馆举行。从2015年开始，维尔福开始举办季节性的锦标赛，又被称为特锦赛。第一个特锦赛在德国的法兰克福举办。

2017年国际邀请赛的奖金总额达到了2 468万美元，创下了电子竞技历史上的奖金纪录。

4.《英雄联盟》发展历程

2009年年底，另一个独立的MOBA游戏获得了更大的影响力。在史蒂夫·菲克离开《刀塔》团队之后，加入了拳头公司，该公司很快创作了自己版本的MOBA游戏，虽然在风格和策划方面和《魔兽争霸3》很像，但该游戏设计了自己的卡通式英雄，以及更容易掌握的玩法，这款游戏就是《英雄联盟》（《英雄联盟》游戏画面如图3-4所示）。

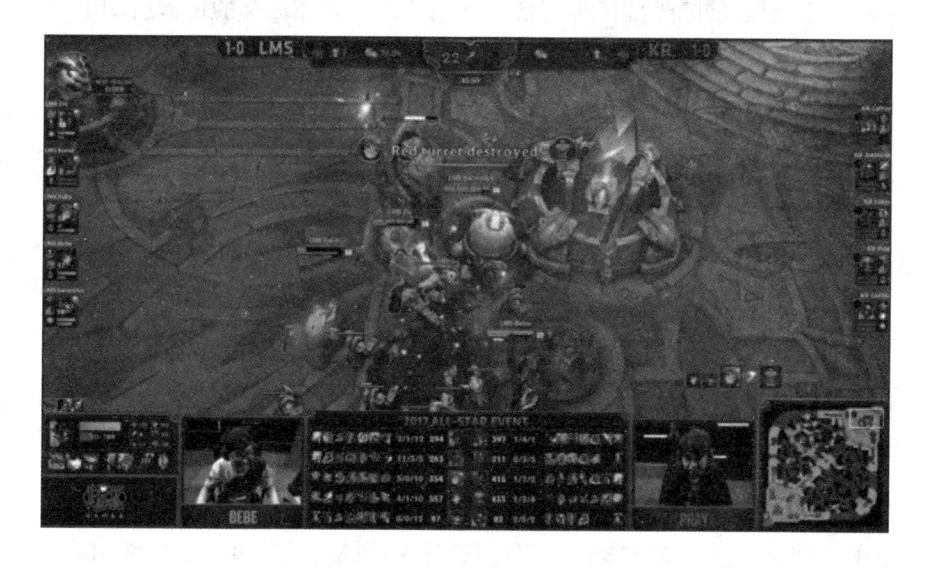

图3-4　《英雄联盟》游戏画面

在风格上，《英雄联盟》与《刀塔》非常相似，但是玩法更简单，更容易上手，英雄更多，而且卡通化。

《英雄联盟》一经推出，很快就占领了全球市场，成为有史以来玩家规模最大的 PC 游戏。除了本身制作精良的原因，《英雄联盟》的成功更在于当时缺乏一款现象级的 MOBA 游戏。

同时，该游戏的收费结构也为《英雄联盟》的快速崛起提供了巨大助力。《英雄联盟》的游戏本体虽然是免费的，每个人都可以从官方免费下载，并且开始游戏。由于玩家可以免费使用的英雄只占所有英雄的一小部分，而且会定期轮换。如果玩家想使用一名特定的英雄，但是这个英雄当时不免费，就只能使用游戏内货币或者真实货币购买。一些不愿意等待的玩家很乐意为此消费，因此，这种模式获得了巨大的成功。后期推出的各类英雄和装备的付费皮肤也受到玩家追捧，这些消费并影响游戏体验和最终胜负。拳头公司有足够的资金去举办《英雄联盟》赛事，提高自己的曝光度，推广自己的周边产品。在这样的运营机制下，《英雄联盟》越来越火爆。2016 年《英雄联盟》的收入为 5.82 亿美元，是 PC 端电竞游戏收入的主力军。

5.《王者荣耀》发展历程

拳头游戏的控股方腾讯在尝到了《英雄联盟》的甜头之后很重视 MOBA 端游戏的发展。为了占领 MOBA 电竞市场，2015 年 10 月，腾讯旗下的天美工作室推出了手机游戏《王者荣耀》（海报如图 3-5 所示）并开始测试。在前期，这款游戏并不叫《王者荣耀》，使用过的名称有《英雄战迹》《王者联盟》等，最后才正式更名为《王者荣耀》。《王者荣耀》的发布，标志着 MOBA 游戏手游化的开始。2018 年，《王者荣耀》的欧美版本《Arena Of Valor》在任天堂 Switch 平台发售。《王者荣耀》是类《刀塔》手机游戏，游戏中的玩法以竞技对战为主，玩家之间进行 1v1、3v3、5v5 等多种方式的 PvP 对战，还可以参加游戏的冒险模式，进行 PvE 的闯关模式，在满足条件后可以参加游戏排位赛等。

经过不断的优化和调整，因为玩法简单，易上手，同时在腾讯强大的推广渠道的推动下，《王者荣耀》引起了众多游戏玩家的关注。和以往 MOBA 类游戏不同的是，《王者荣耀》吸引了众多女性玩家。

2016 年下半年，随着《王者荣耀》官方赛事 KPL 联赛的正式推出，《王者荣耀》的活跃在线人数达到 5 000 万，随后更是突破了 8 000 万。2016 年 11 月，《王者荣耀》荣登 2016 中国泛娱乐指数盛典"中国 IP 价值榜——游戏榜 top10"。

图 3-5 《王者荣耀》海报

仅仅用了一年的时间，《王者荣耀》就红遍全国，完成了从全民《英雄联盟》到全民《王者荣耀》的过渡，成为了一款现象级的 MOBA 游戏。

对于 MOBA 类游戏来说，《刀塔 2》和《英雄联盟》已经陷入了疲软，很难再有爆发点。而《王者荣耀》的出现，对 MOBA 游戏进行了提升和优化,它更快、更便捷化,有效地利用了碎片时间,逐步建立了自身完整的游戏运营体系。

6. MOBA 游戏主要赛事

(1)《刀塔 2》国际邀请赛。

《刀塔 2》国际邀请赛(海报如图 3-6 所示),也就是 The International DOTA2 Championships,简称 TI。TI 创立于 2011 年,是一个全球性的电子竞技赛事,每年一届,由《刀塔 2》的出品方维尔福公司主办,冠军奖杯为特制冠军盾牌不朽盾,每一届冠军队伍及人员将记录在冠军盾中。

图 3-6 《刀塔 2》国际邀请赛海报

每年一次在美国西雅图(除 TI1 在德国科隆)举行《刀塔 2》最大规模和最高奖金额度的国际性高水准比赛。TI5 的千万美元总奖金让《刀塔 2》引发了全球的瞩目,而 TI6 的总奖金更是超过了 2 000 万美元,仅冠军就能独揽超过 900 万美元的奖金。在当今电竞界,TI 是一个影响力超强的电竞赛事。

2017年，TI7的总奖金达到了2 478万美元，创造了纪录，观看总人数为9 268万，总观看时间突破了5亿小时，冠军Liquid战队获得了1 086万美元的奖金。

（2）《英雄联盟》全球总决赛。

《英雄联盟》全球总决赛（World Championship）是所有《英雄联盟》比赛项目中高荣誉、高含金量、高竞技水平、高知名度的比赛（海报如图3-7所示），一年举办一次，主办方为Riot Games（拳头游戏）。冠军奖杯被命名为召唤师奖杯。

图3-7 2018年《英雄联盟》全球总决赛海报

一般来说，全球总决赛在每年的9、10月开赛。迄今为止，全球总决赛已经举办了7届（以下简称S1-S7。S是Season的缩写，赛季的意思）。从2017年开始，赛制调整为入围赛、小组赛和淘汰赛三个阶段。

《英雄联盟》在全球有13个赛区，分别是：韩国LCK、港澳台LMS、欧洲LCS（LCS.EU）、北美LCS（LCS.NA）、中国LPL、独联体LCL、巴西CBLOL、东南亚GPL、北拉丁美洲LLN、南拉丁美洲CLS、土耳其TCL、大洋洲OPL、日本LJL。各大赛区每年都会举行职业联赛，只有在赛区职业联赛中表现出色的战队才能参加总决赛，名额由赛区的规模和水平决定。

2017年11月，S7全球总决赛结束，SSG战队夺得了今年的召唤师奖杯，拿到了172万美元的奖金。2017年12月，拳头游戏发布了官方数据，世界大赛期间创下了12亿小时总观看时数，韩国队伍SKT与中国RNG的四强赛创下超过8000万不重复观看人次。而拳头游戏的控股方腾讯发布的数据显示，超过8600万名观众观看了2017年在北京鸟巢进行的"《英雄联盟》S8世界赛总决赛"，比2016年观看人数的两倍还要多，再次创下了电子竞技领域的新纪录。

(3)《王者荣耀》职业联赛。

作为一款风靡全国的游戏，和《刀塔2》《英雄联盟》一样，《王者荣耀》也有着自己的职业赛事，并且种类繁多，有的是官方性的职业赛事，有的是民间组织的。其中，顶级赛事就是王者荣耀职业联赛（King Pro League，KPL）（海报如图3-8所示）。

图3-8 《王者荣耀》职业联赛海报

KPL是由《王者荣耀》出品方腾讯举办的官方赛事，诞生于2016年，它是王者荣耀职业赛事中顶级的赛事。全年分为春季赛（3月份）

和秋季赛（9月份）两个赛季，每个赛季分为常规赛、季后赛及总决赛三部分。每场均有12支队伍，除了总冠军，也会有两支队伍被淘汰，同时通过预选赛选拔2支战队加入KPL。

2017年12月23日，KPL秋季赛总决赛在深圳举行。最终，QGhappy登上了王者宝座，夺得史上最高的120万元奖金。根据随后官方公布的数据，2017年KPL官方全年赛事体系（春季赛、秋季赛加冠军杯）内容观看及浏览量达到103亿人次；秋季赛总决赛单日直播观看量2.4亿人次，与春季赛总决赛单日直播观看量1.73亿人次相比，增长39%；秋季赛直播观看总量为36亿人次。

7. MOBA游戏市场概况

MOBA游戏是玩家数量最多、吸金能力最强的游戏类别之一，也是电竞化最为成功的游戏类别。MOBA游戏举办电竞赛事是MOBA游戏的重要运营手段，而MOBA游戏开发商和运营商对赛事的投入也大大推动了电子竞技走向正规化、商业化。

据统计，在全球范围内，MOBA游戏市场价值2016年达到320亿元，2017年翻了一番，达到613.4亿元。保守估计，到2020年，这个数字将达到739亿元。由此可见，MOBA游戏市场仍具有非常大的潜力。正因为如此，MOBA游戏会是将来数年游戏厂商全力争取的一块蛋糕。

随着智能手机和移动互联网的普及，自2016年以来，以《王者荣耀》为代表的MOBA手游凭借着社交媒体和强势推广，大幅度扩大了MOBA游戏的受众群体。同时，因为手机游戏的特性，MOBA游戏的难度也大大降低，游戏性更强，节奏更快，更有助于吸引玩家。在这些因素的引导下，MOBA游戏迎来了飞速发展期。

MOBA游戏的兴起，不但催生了一些热门游戏，还带动了周边行业的兴起，推动了电竞产业、直播产业甚至手游业的发展。比如，像《王者荣耀》这样的手机 MOBA 游戏，首次真正将社交与游戏结合起来，为手机游戏行业带来了重大的飞跃。所以，有人说，《英雄联盟》开创了一个真正成熟的电竞时代，而《王者荣耀》开创的是一个全民手游的时代。

3.1.2 FPS 类游戏

1. FPS 类游戏的概念

第一人称射击游戏（First-person shooter，FPS）是以玩家的第一人称视角为主视角进行的射击类电子游戏的总称，通常需要使用枪械或其他武器进行战斗。玩家会直接从游戏的主人公的眼中观察周围环境，并进行射击、运动、对话等活动。大部分第一人称射击游戏会采用三维或伪三维技术来使玩家获得身临其境的体验，并实现多人游戏的需求。

根据地图的设置，第一人称射击游戏可以分为封闭型和沙盒型两类。封闭型的地图规模小，四周有高墙封闭，玩家必须在特定区域内进行对战。而沙盒型的地图恰恰相反，地图的设置更加丰富，玩家可以通过自由探索地图来解锁更多剧情。

早期的第一人称射击游戏不管是画面制作，还是剧情内容都比较单一，只有屏幕光线的刺激可能会给玩家带来快感。但随着游戏产业的不断发展，玩家们不再满足于这样简单的游戏中，要求也越来越高，这让第一人称射击游戏的画面、音效甚至剧情品质都得到了极大的提升。

2. 早期 FPS 游戏

第一款 FPS 游戏诞生于 20 多年前。1991 年，程序员约翰·卡马克刚刚从学校毕业，成立了游戏软件公司 Id Software。第二年，他便开发出了大名鼎鼎的《德军总部 3D》。这款游戏定义了 FPS 的基本操作模式。玩家以第一视角进行游戏，在地图内按随机路线移动，手中拿着各种武器，并可以向前瞄准。玩家需要做的是向一切出现在面前的人或怪物射击。

《德军总部 3D》面世之后，很快就受到了全世界玩家的欢迎。约翰·卡马克并未满足于一款游戏带来的成功，再接再厉，在 1993 年推出了另一款 FPS 游戏——《毁灭战士》（游戏画面如图 3-9 所示）。在《德军总部 3D》的基础上，约翰·卡马克率领的团队为游戏增加了更丰富的体验，设置了障碍物、门窗和阶梯，以及一些需要解谜的关卡。同时，《毁灭战士》中还存在地形的高低差，更符合现实观感。这些要素使得《毁灭战士》不但是一款非常优秀的 FPS 游戏，在整个游戏发展史中也有重要的地位。

总的来说，不管是《毁灭战士》还是《德军总部 3D》，这两款游戏的玩法设定为日后 FPS 的发展奠定了一个坚实的基础。

在随后的几年里，经典优秀的作品源源不断地问世，让 FPS 游戏题材从军事、科幻走向反恐等更多题材。1996 年，《雷神之锤》横空出世（游戏画面如图 3-10 所示）。《雷神之锤》开启了团队作战的时代。过去，玩家在游戏中都是单打独斗，直到《雷神之锤》的出现，让玩家紧密合作成为了现实。同时，《雷神之锤》支持网络协议，因此，除了可以局域网联机之外，还能让来自世界不同地方的玩家一起游戏，因此可以在局域网或者互联网上同其他人对战。联网对战采用客户端/服务器模式，游戏实际运行在服务器上，所有的玩家登陆服务器来参与游戏。从这个角度来说，现代电子竞技是从《雷神之锤》开始启蒙的。在接下来的续作《雷神之锤 3：竞技场》中，又引入了第三人称旁观模式。这种模式极大地方便了团队配合，使《雷神之锤》朝着电子竞技领域又迈进了一步。

图 3-9 《毁灭战士》游戏画面

图 3-10 《雷神之锤》游戏画面

从此之后，主流 FPS 游戏都非常注重联网体验和团体战，不再满足于人机对抗，这让玩家更愿意和其他玩家进行对战。

3.《反恐精英》发展历程

虽然《雷神之锤》获得了巨大的成功，但是由于当时的科技发展水平和网络的限制，FPS 无法自如地进行网络联机对战。1999 年，基于《半条命》开发出的《反恐精英》横空出世，迅速风靡世界，成为各大电子竞技赛事的首选比赛项目。

《反恐精英》（游戏 LOGO 如图 3-11 所示）是一款以团队合作为主的第一人称射击游戏，于 1999 年作为Valve所开发的游戏《半条命》游戏模组（MOD）推出。由于最初版本的《反恐精英》为《半条命》的第三方模组，因此命名为《半条命：反恐精英》，然而随着推出后逐渐累积的高人气，它成为独立游戏，并且单独发行。因为深受玩家的喜爱，2000 年由Valve购得版权以独立游戏形式发行，并且聘用原开发者 Minh Le 与 Jess Cliffe继续参与游戏的后续开发。

在游戏中，玩家分为"反恐精英"阵营与"恐怖分子"两个阵营，每个队伍必须在一个地图上进行多回合的战斗。赢得回合的方法是达到该地图要求的目标（援救人质、暗杀、拆除炸弹、逃亡等），或是完全消灭敌方玩家。

因为在游戏中对团队配合、枪械操控真实感的不懈追求，《反恐精英》发布后，迅速火遍了全球。后来，由于玩家数量非常庞大，而且游戏有趣，非常适合竞技，《反恐精英》很快成为了 WCG 等电子竞技赛事的比赛项目。

图 3-11 《反恐精英》游戏 LOGO

2004 年 3 月 23 日，《反恐精英》的资料片《反恐精英：零点行动》正式发售。这部作品提供了单人任务和任期模式，增强了 AI 敌人，修正了游戏的平衡性，提高了模型的精细度。

2004 年 10 月 7 日，起源引擎重制版《反恐精英：起源》发布。这部作品具有新的物理系统、渲染系统和全新的地图。

2012 年 8 月 21 日，维尔福和 Hidden Path Entertainment 联合开发的《反恐精英：全球攻势》，是系列游戏的第四款作品。

作为历史上最受欢迎的游戏之一，《反恐精英》在射击游戏玩家心目中的地位无可动摇。《反恐精英：全球攻势》在继承原有玩法的同时，推出了新的枪械、道具、地图和游戏模式，极大地丰富了游戏的玩法，游戏画面也比前作有了质的提升。最为关键的是，《反恐精英：全球攻势》开放了饰品及模组系统，让玩家社区对游戏的参与度更高，并促使游戏不断更新。

在多种因素的综合作用下，《反恐精英：全球攻势》最终成为了欧美最受欢迎的电竞射击游戏。2016 年，《反恐精英：全球攻势》被体育媒体 ESPN 评为 2016 年度最具潜力的电竞游戏。作为一款诞生了好几年的游戏，《反恐精英：全球攻势》依旧保持着超高的吸引力和人气。最近几年，在 Steam 平台上，《反恐精英：全球攻势》在线人数经常位列榜首。根据国外电竞数据网站 Newzoo.com 在 2017 年 7 月份的统计，

《反恐精英：全球攻势》在国外直播网站 Twitch 上的总游戏观看时长达到了 6 亿 7 000 万小时，仅次于《英雄联盟》。而如果单论电竞比赛观看时长，《反恐精英：全球攻势》则达到 5 亿 1 400 万小时，毫无悬念地位居第一。由此可见《反恐精英：全球攻势》游戏和赛事在国外玩家中极具影响力。

《反恐精英》的成功让 FPS 得到前所未有的关注，也让 FPS 游戏走上巅峰。换个角度来看，在《反恐精英》的影响下射击类游戏产量大幅度提升，在一定程度上也推动其朝着高品质的方向发展。

4. 《守望先锋》

《守望先锋》(Overwatch，OW)是暴雪娱乐开发的第一人称射击电脑游戏，也是全球首款团队射击游戏（游戏 LOGO 如图 3-12 所示）。游戏以近未来地球为背景，来自全球的超级英雄将使用自己独特的能力在战场上厮杀，每一位英雄都有各自标志性的武器和技能。

图 3-12 《守望先锋》游戏 LOGO

《守望先锋》把玩家分为两支队伍，每队 6 人、3 人、1 人或 5 人。不同模式有不同的队伍人数。玩家可从几个预定英雄人物中选择，每个英雄有自己独特属性和技能，队员合力保护并捍卫地图上的控制点，或在有限时间内护送载具到达指定地点。

《守望先锋》自从 2016 年 5 月 24 日全球上市以后，获得了众多媒体的推荐和认可。2016 年，《守望先锋》就获得了 The Game Awards 2016 游戏大奖年度游戏、最佳多人游戏、最佳电子竞技项目。

《守望先锋》也得到了玩家的追捧和喜爱。根据官方数据，2017 年 1 月，玩家总数就突破了 2 500 万人。2017 年 4 月，玩家总数突破 3 500 万人。2017 年 10 月，玩家总数突破 3 500 万人。

5.《彩虹六号：围攻》

《彩虹六号：围攻》(*Tom Clancy's Rainbow Six: Siege*) 是一款由法国育碧开发并发行的第一人称战术射击游戏（游戏海报如图 3-13 所示）。《彩虹六号》改编自军事小说家汤姆·克兰西（Tom Clancy）的同名小说。在游戏中，玩家扮演一名反恐特种部队成员，以第一人称视角执行各种作战任务，打击恐怖主义。

《彩虹六号：围攻》作为《彩虹六号》系列最新作品，比起前作有了很大的改变，游戏方式类似经典警匪游戏 *SWAT*，玩家将在游戏里扮演反恐组织成员进行反恐演习，分为进攻方和防守方，游戏共有四种完结方式：攻击方达成条件后胜利、防守方成功守住据点并且撑到时间结束后胜利、其中一队歼灭敌队后胜利、两队仅存的最后一名队友刚好杀死对方后平手。 游戏的破坏系统为其一大特色，游戏中易碎材质（如木头、玻璃等）所做成的表面皆可破坏，包含了墙壁、天花板与地板。

在 2018 E3 展会上，育碧宣布《彩虹六号：围攻》全平台注册玩家总数已经突破了 3 500 万。《彩虹六号：围攻》能够从众多设计游戏中脱颖而出，优秀的战术射击元素、制作团队不懈的努力、育碧成功的商业模式等都是其不可或缺的因素。

图 3-13 《彩虹六号：围攻》游戏海报

游戏平台 Steam 正式公布了 2018 年上半年最佳游戏榜单。其中，《彩虹六号：围攻》在两届最佳游戏评选中蝉联"最畅销游戏"及"人气最高游戏"奖。

6.《绝地求生》

《绝地求生》（PlayerUnknown's BattleGrounds，PUBG）是韩国游戏公司蓝洞（Bluehole）旗下的 PUBG Corporation 所开发及发行的多人制大逃杀游戏（游戏海报如图 3-14 所示），发布于 2017 年 3 月 23 日。

在游戏中，玩家需要在游戏地图上收集枪械和资源，并在不断缩小的安全区域内和其他玩家对战，确保自己成为最后的幸存者。

当你成为最后的幸存者，游戏界面会显示"大吉大利，晚上吃鸡"。

这便是网络流行语"吃鸡"的由来。

本作品在 2017 年 3 月 23 日推出体验版后的三天内销售收入突破 1 100 万美元。在本作品推出后的首周,成为了著名直播平台 Twitch 上最受到瞩目的游戏,超过 15 万名观众收看直播。2017 年 4 月(即作品推出后的第 2 个星期),游戏在 Steam 平台上的销售量已突破 100 万套,玩家人数高达 89 000 人,到了同年 5 月累计卖出超过了 200 万套。同年 6 月累积卖出超过 400 万套。在同年 9 月累积了 6 个月后超过 1 000 万套。

图 3-14 《绝地求生》游戏海报

2017 年 11 月 22 日,腾讯宣布正式与 PUBG 公司达成战略合作,获得该游戏在中国大陆的独家代理运营权,并且联合腾讯旗下的光子工作室与天美工作室分别推出了两款授权手游《绝地求生:刺激战场》和《绝地求生:全军出击》。

7. FPS 游戏主要赛事

(1)《反恐精英:全球攻势》的 Major+Minor 赛事体系。

第 3 章 游戏分类

作为一款竞技游戏，没有合理的赛事体系，《反恐精英》系列作品就不会如此成功。而《反恐精英：全球攻势》接过《反恐精英》的衣钵后，进一步完善了原有的赛事体系。

早在《反恐精英：全球攻势》发布时，游戏出品方维尔福就制订了和旗下另外一款热门游戏《刀塔 2》不一样的推广计划：通过与第三方赛事主办方合作来举办赛事，维尔福会提供必要的资金和支持。在这个原则的主导下，《反恐精英：全球攻势》建立起了独特的赛事体系。

《反恐精英：全球攻势》的赛事分为两个级别：Major 和 Minor。

广为人知的特级锦标赛（Major）就是由维尔福决定主办方，并给予赞助的最高级别《反恐精英：全球攻势》比赛，从 2016 年开始，由每年三次变为每年两次，进一步提升了赛事质量和精彩程度。赛事海报如图 3-15 所示。

图 3-15　《反恐精英：全球攻势》Major 赛事海报

所以，特级锦标赛对于全世界的《反恐精英：全球攻势》选手来说，都意味着终极目标和无上荣耀。那是他们的梦想殿堂。

然而，要迈入这个梦想殿堂，Minor（次级锦标赛）至关重要。Minor 代表着洲际预选赛。一支战队要经过两轮预选赛的厮杀，才能进入 Minor 赛事。进入 Minor 赛事后，战队还需要进行一系列的比赛，来争夺 Major 资格赛的资格。可以说，Minor 赛事是衡量战队在其所处地区中实力水平的最有力凭证，也是普通战队登上最高领奖台的必经之路。

虽然在奖金方面无法与 TI 抗衡，但一年两届的 Major 比赛，以及数量众多的第三方赛事保证了《反恐精英：全球攻势》赛事体系的稳定运行，同时也保证了俱乐部和选手数量的稳定增长。根据第三方网站 Esportsearnings.com 2016 年全年赛事数据，虽然《反恐精英：全球攻势》奖金数位列电子竞技项目的第二位，但《反恐精英：全球攻势》的参赛选手和战队数量远超其他游戏，位列榜首。

（2）《守望先锋》联赛。

守望先锋联赛（Overwatch League）是由暴雪娱乐主办的《守望先锋》游戏职业联赛（联赛海报如图 3-16 所示），也是首个以城市为竞技主体的大型全球职业电竞联赛，采用类 NBA 的传统体育联盟模式，由暴雪制定规则和分食体系，并在全球范围内建设赛区和战队。对于电子竞技来说，这是一个全新的尝试。

图 3-16 《守望先锋》联赛海报

2018 年 1 月,《守望先锋》联赛的第一个赛季拉开序幕,常规赛将在 6 月 18 日结束。从 7 月 12 日开始,将有 6 支战队参加在美国洛杉矶暴雪竞技场举行的季后赛。而从季后赛中胜出的两支战队将在纽约 NBA 布鲁克林篮网队的主球场进行决赛,争夺共计 140 万美元的奖金,拿下第一个《守望先锋》联赛的冠军。

作为一款热门的射击游戏,《守望先锋》的人气一直非常旺盛。据暴雪官方数据,产品在海外市场表现良好。截至 2018 年 5 月,《守望先锋》全球玩家数已超 4 000 万,《守望先锋》联赛全球周平均观众数达数百万。在这种数据的支持下,2018 年 7 月,ESPN 和迪士尼电视网络买下《守望先锋》联赛多年独家电视转播权,开始转播《守望先锋》联赛。此前,Twitch 花了 9 000 美元买下了《守望先锋》联赛两年网络独播权。

(3)《彩虹六号》国际邀请赛。

随着《彩虹六号:围攻》核心玩家的逐步扩大,达到了数百万人之多。为了加强游戏开发者、粉丝、玩家、电竞选手之间的沟通,彩虹六号的游戏出品方育碧从 2017 年开始,举办《彩虹六号》国际邀请赛,让赛事成为一场游戏盛典。彩虹六号国际邀请赛是《彩虹六号:围攻》游戏电竞赛事中水平最高的职业赛事。

赛事分为四大赛区(欧洲赛区、北美赛区、拉美赛区、东南亚及澳洲赛区),先在各大赛区进行选拔赛,然后再在加拿大蒙特利尔进行决赛。

2017 年 2 月 3 日,第一届比赛在《彩虹六号:围攻》的诞生地加拿大蒙特利尔举办,参赛队伍 6 支,最终 eRa 战队夺冠。

2018 年 2 月 16 日,第二届比赛依然在加拿大蒙特利尔举办,参赛队伍 16 支,总奖金 50 万美元,最终 PENTA Sports 战队获得了最终的胜利。有超过 32 万人次同时观看了决赛，观看人数是首届国际邀请赛决赛的 1.8 倍。彩虹六号国际邀请赛海报如图 3-17 所示。

图 3-17　2018 彩虹六号国际邀请赛海报

8. FPS 游戏市场概况

自诞生之日起，FPS 游戏就赢得了玩家的喜爱。2016 年是 FPS 游戏呈井喷式发展的一年，《全境封锁》《守望先锋》《战地 1》《毁灭战士》《泰坦陨落 2》《战争机器 4》《使命召唤：无限战争》等游戏先后上市，满足了玩家日益增长的需求。

如今，FPS 游戏处于蓬勃发展时期。经过多年的发展，FPS 游戏的战斗模式和制作技术都日臻完善。为了更好地吸引玩家，游戏开发公司在游戏中设置了很多充满吸引力的场景，带给了玩家具有冲击力的体验。

FPS 的特点使得它非常适合电子竞技，从而推动了电子竞技行业的发展。FPS 游戏中的佼佼者《反恐精英：全球攻势》在 2016 年赛事中的总奖金达到 1 719 万美元，在所有电竞赛事中排名第二，仅次于《刀塔 2》的 TI 赛事。同时，参加该赛事的选手和战队数量远超其他游戏。

随着科技和网络的发展，FPS 还在不断地推陈出新，带给玩家新的体验和惊喜的同时，也开启了 FPS 的新篇章。

3.1.3 RTS 类游戏

1. RTS 游戏的概念

Real-Time Strategy Game，缩写为 RTS，中文译为即时战略游戏。从游戏类型来看，RTS 属于策略游戏（Strategy Game）的范畴。顾名思义，即时战略游戏和一般常见的回合制策略游戏的区别在于 RTS 游戏的对战过程是即时进行的。在这款游戏中玩家们更多的会扮演将军类的角色，通过排兵布阵进行战斗。游戏地图上会显示矿产资源、地形气候、物资补给等元素，这些都是即时战略游戏非常重要的组成部分。

和其他游戏一样，即时战略游戏的发展过程也是漫长而曲折的，它的起源或许可以追溯到 20 世纪的英国和北美。但这一游戏当时在两个国家有着完全不同的发展轨迹，经过不断融合才有了共同的形态和发展方向。

1983 年发行的 *Stonkers* 游戏（游戏画面如图 3-18 所示）可以视为 RTS 游戏在英国的开端。但对 RTS 游戏的起源众说纷纭，存在诸多争议。大部分人认为 1984 年在北美发行的 *The Ancient Art of War*（游戏画面如图 3-19 所示）是现代 RTS 游戏的鼻祖，而有些人则觉得发行于 1982 年的 *Cytron Masters* 才是。

图 3-18　*Stonkers* 游戏画面

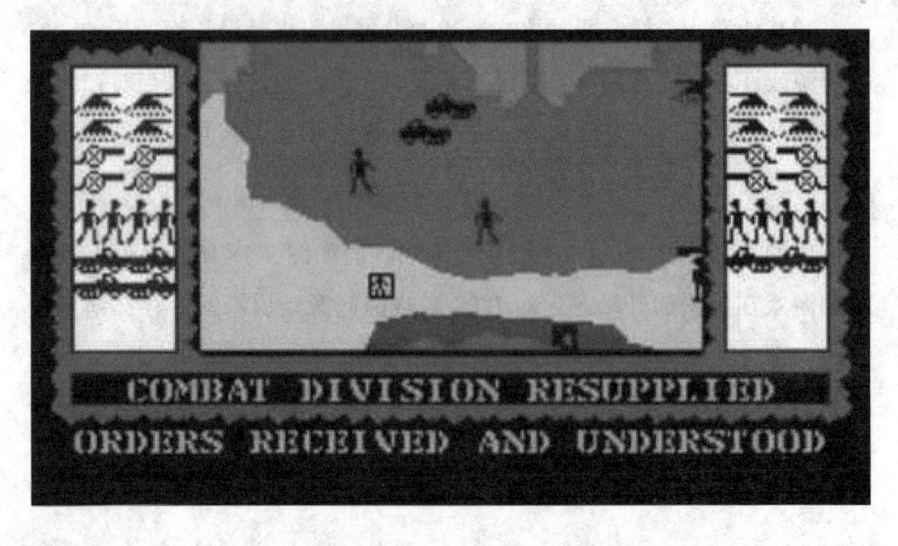

图 3-19　*The Ancient Art of War* 游戏画面

据资料显示，在 1982 年发行的 *Utopia* 游戏中，玩家可以通过收集地图上的资源来提高经济产出和战斗能力。但是这款游戏的不足之处在于它并不能通过控制进行直接战斗，而这正是 RTS 游戏的核心。同一年发行的游戏 *Legionnaire*，则和它恰恰相反。*Legionnaire* 没有资源采集、经济生产的概念，但却有完整的即时作战模式和丰富的地形变化。所以把 *Legionnaire* 作为 RTS 游戏的起源或许会更合适。

这一时期，虽然策略类游戏不断出现，但是把这些称为即时战略游戏来说还是不够的。直至 1992 年，《沙丘 2》（游戏画面如图 3-20 所示）的出现才让现代 RTS 游戏中的核心概念得到明确，基本框架得以形成。RTS 游戏因此成为电子游戏中一个单独的类别。

图 3-20 《沙丘 2》游戏画面

后来的即时战略游戏多半是以《沙丘 2》中的元素作为原型的，比如用鼠标控制单位、资源采集等。在 RTS 游戏发展的黄金时期，出现了

《魔兽争霸》《红色警戒》等经典作品。1998年推出的《星际争霸》甚至至今还在举办职业竞赛。

20世纪90年代末，RTS游戏的基本形态已经确立。但此时游戏的开发更多倾向于改进地图、丰富地形，并加入更多的单位。在对经典作品进行传承和完善的同时，创新非常少见。

1999年推出的《家园》成为最早的全3D即时战略游戏，而同一时期的 Machines 则尝试将 RTS 与 FPS 相结合。游戏从2D向3D的转变过程中碰到不少障碍，特别是关于镜头的控制以及物体的布置。以此为代表，这一时期是RTS游戏的更新改良时期，新类型的游戏不断出现。有些游戏将重心倾向于地图设计，而有些游戏则更加注重战术的运用，还有一些游戏完全脱离了即时战略模式，将其他类型游戏的元素加入其中，RTS游戏迎来了新的发展。

2. 主要RTS游戏

（1）《星际争霸》。

值得在电子竞技史上大书特书的游戏不少，但在电子竞技的起步阶段，星际争霸绝对是一个无法忽略的存在。它的出现推动了电子竞技行业的发展，具有重大意义。

1998年3月，暴雪娱乐制作发行了一款即时战略游戏《星际争霸》（StarCraft），是星际争霸系列游戏的第一部作品。游戏描述了26世纪初期，位于银河系中心的三个种族在太空中争夺霸权的故事。

《星际争霸》使用了《魔兽争霸2》的游戏引擎，但创造了三个截然不同的种族：神族（Protoss）、人族（Terran）和虫族（Zerg）。这三个种族拥有不同的游戏设定，兵种和科技各有优势，但又相对平衡。创新的种族设计得到了玩家和业界的一致好评。

《星际争霸》提供了一个游戏战场。在这个游戏战场中，玩家可以操纵任何一个种族，在地图上采集资源，发展科技，扩张兵力，最终通过摧毁对手的所有建筑来取得胜利。

作为一款即时战略游戏，多人对战功能是核心要素。这一点暴雪提供了良好的支持。玩家不但可以与电脑对战，还可以通过局域网和好友对战，甚至可以通过网络和世界各地的玩家进行对战。

除此之外，暴雪还提供了多种不同的对战形式，最常见的是单挑和组队作战。星际争霸甚至提供了编辑地图的软件，玩家可以创造和编辑自己喜爱的地图，再应用到对战当中去。如此一来，星际争霸的玩法大大得到了扩充。

正是基于这些特性，使得《星际争霸》成为了早期极佳的电子竞技游戏。在韩国，星际争霸十分盛行，并发展出了职业的游戏比赛，促进了韩国的电子竞技事业发展。《星际争霸》成为了韩国的国民级游戏，奠定了韩国在这一电子竞技项目的霸主地位。

《星际争霸》（海报如图 3-21 所示）不但是 RTS 游戏的代表之作，在整个电子游戏史上也是难得的佳作。电子竞技赛事帮助《星际争霸》提高了知名度，也让更多游戏开发商涌入这个领域，争相开发属于自己的 RTS 游戏。

从此，暴雪将开发了《红色警戒》的西木工作室赶下了 RTS 游戏界行业龙头的位置，成为了新一代的 RTS 游戏霸主。

截至 2009 年 2 月，《星际争霸》在全球范围内已经售出了超过 1 100 万套，是 PC 平台上销量最高的游戏之一。单单在韩国，《星际争霸》就卖出了 500 万份拷贝，一跃成为拥有众多赛事和赞助商的"国技"游戏项目。许多媒体给予了这款游戏很高的评价，认为它是一部极其经典的即时战略游戏。

图 3-21 《星际争霸》海报

《星际争霸》在《边缘》（*Edge*——知名电竞杂志）评选的"史上百佳游戏"中名列第 37 位。由于极高的流行度，《星际争霸》打破了《吉尼斯世界纪录大全》中的三项纪录："销量最高的 PC 即时战略游戏"、"职业联赛收入最高的游戏"、"比赛观众最多的游戏"。

（2）《帝国时代 2》。

20 世纪 90 年代，是即时战略游戏的黄金时代，优秀游戏层出不穷。在这个背景下，美国的全效工作室（Ensemble Studios，后来被微软收购）于 1997 年推出了电脑游戏《帝国时代》（*Age of Empires*，AoE），因为出色的游戏品质和制作水平，在 E3 大展上获得了即时战略游戏金奖。从此，《帝国时代》奠定了自己在游戏界的地位。

作为即时战略游戏，《帝国时代》的操作逻辑与《魔兽争霸 2》基本相同，游戏玩家很容易上手。快捷的分组和操作热键，大大提高了玩家的操作效率。《帝国时代》有完善的升级系统，去掉了传统即时战略游戏靠人海战术就能取胜的弊病。快速升级文明、大力发展科技、落后就会挨打是《帝国时代》的游戏逻辑。

《帝国时代》发布之后，深受众多玩家的喜爱和支持。根据游戏媒体 Gamasutra 的数据显示，2004 年，《帝国时代》的销量超过了 1 500 万套。至 2008 年，系列中的 5 个游戏皆售出超过 100 万套。

《帝国时代》大获成功之后，1999 年 9 月，全效工作室又推出了续作《帝国时代 2：帝王世纪》。在《帝国时代》系列游戏中，在电子竞技方面影响最大的就是《帝国时代 2》，LOGO 如图 3-22 所示。

图 3-22 《帝国时代 2》LOGO

和大多数即时战略游戏一样,《帝国时代 2》玩家需要快速收集资源、建造建筑、研究科技和训练军队,最终击败对手。在单人游戏中,玩家可选择与电脑在标准游戏中进行对战,或是参与基于真实历史的战役并完成其中的各项任务。而在多人模式中,玩家可与最多 7 个对手在网络上对战。《帝国时代 2》最出色的地方在于:相对于战术,经济和战略调控显得更为重要,如何拥有良好的经济状态和城镇基础是第一任务,这与其他以战术为主、强调兵种的即时战略游戏有很大不同。总的来说,《帝国时代 2》是一个非常不错的系列游戏,对于各个文明的刻画和游戏方式的探索都是极为出色的。

在早期的 WCG 上,《帝国时代 2》是其中的一个比赛项目,受到了全球玩家的关注。从 2003 年起,因为游戏速度慢,缺乏观赏性,平衡性又比较差,竞技性不够,《帝国时代 2》退出了这个国际赛事。而更适合电子竞技赛事的魔《兽争霸 3》和《星际争霸》则成为了即时战略游戏的主流比赛项目。

(3)《魔兽争霸 3》。

《魔兽争霸》(*Warcraft*)是知名游戏厂商暴雪娱乐开发的即时战略系列游戏,也是非常受欢迎的经典单机游戏,被多项知名电子竞技比赛列为主要比赛项目。

1994 年,初代游戏《魔兽争霸:人类与兽人》发行。该作拥有即时战略联网模式、大量的快捷键操作设定,以及自带的随机地图生成器,不但增加了游戏的乐趣,更对后来的游戏产生了深远的影响。《魔兽争霸》的销量非常出色,也为暴雪的发展奠定了基础。

1995 年和 1996 年,《魔兽争霸 2:黑潮》和该作的资料片《魔兽争霸 2:黑暗之门》发行。虽然在《魔兽争霸》中,还有《星际争霸》的影子，但是从《魔兽争霸 2》开始，该系列开始逐步形成自己的风格。2002 年和 2003 年，《魔兽争霸 3：混乱之治》和资料片《魔兽争霸 3：冰封王座》发行，该作一经发布就人气爆棚，两周内卖出了 550 万套。

《魔兽争霸 3》完美地融合了 RPG 游戏和 RTS 游戏的优点，让玩家把精力转移到了操作战斗力量上。这种操作方式开创了先河，为之后 RTS 游戏的发展指明了道路。游戏画面如图 3-23 所示。

图 3-23　《魔兽争霸 3》游戏画面

《魔兽争霸 3》首次提升了英雄的重要性。这为玩家开启了新的即时战略的玩法，也对后来的游戏产生了重要影响。

《魔兽争霸 3》还有着强大的联机对战功能。它为后来《魔兽世界》的诞生埋下了伏笔。《魔兽争霸 3》还附带了功能强大的地图编辑器，玩家可以自己定制游戏地图,从而开创了 MOBA(多人在线联机对战)游戏的新时代,并催生了许多类似《英雄联盟》的游戏的出现。

简单易上手的玩法、深刻的内涵、曲折的剧情、丰富的玩法,《魔兽争霸3》吸引了越来越多的人参与到竞技游戏之中。

自此之后,暴雪成为 RTS 游戏霸主,并进一步巩固了自己在游戏行业的地位。《魔兽争霸 3》在游戏史上留下了浓墨重彩的一笔,至今仍是很多玩家心中的最佳游戏。

3. RTS 游戏主要赛事

(1)世界电子竞技大会。

世界电子竞技大赛(World Cyber Games,WCG),创立于 2000 年,前身为世界电脑游戏挑战赛(World Cyber Game Challenge),2001 年正式改名为世界电子竞技大赛(World Cyber Games)。该项赛事由韩国国际电子营销公司(Internation Cyber Marketing,ICM)主办,主赞助商是三星和微软,每年在世界各地的著名城市举行一次。主办方希望世界各地的选手通过电子竞技互相交流、学习,从而促成一种真正的奥林匹克精神。

WCG 连续举办了 14 届,于 2013 年停办,是一个全球性的电子竞技赛事。因为强大的影响力,被誉为"电子竞技奥运会"。WCG 一直以"超越游戏(beyond the game)"为口号,旨在推动电子竞技的全球发展,促进人们在网络时代的沟通、互动和交流,让人类的生活更和谐、愉快。

WCG 的传统比赛项目主要有《星际争霸》、《魔兽争霸3》、《反恐精英》(2013 年前)、FIFA 系列、穿越火线、《英雄联盟》、《刀塔》(2013 年前)。

虽然 WCG 的影响力大，但是奖金一直不高，每个项目的冠军的奖金基本都在 10 000～35 000 美元之间，十几年间没有什么大的变化。

由于韩国的星际争霸的群众基础很好，职业化程度也非常高，甚至可以和足球这样的主流体育职业联赛相媲美，被韩国人誉为"国技"。WCG 的成绩也从侧面证实了这一点——韩国获得了星际争霸比赛的 14 连冠。

2003 年，《魔兽争霸 3》成为了 WCG 正式比赛项目。在 WCG 举办的 11 次魔兽争霸赛事中，中国获得了 5 个冠军，欧洲 4 冠，韩国 2 冠。2005 年，Sky 第一次获得冠军的经典时刻，一直留在了很多游戏玩家的脑海里。

而在《反恐精英》项目上，欧美国家占有压倒性的优势，在 2001 年到 2011 年的 11 次赛事中，美国、瑞典、俄罗斯、加拿大等欧美国家也包揽了全部冠军。

随着电竞网游化越来越明显，传统的电竞项目正在遭受前所未有的挑战。最终，2014 年 2 月 5 日，WCG 首席执行官李秀垠通过官方邮件对外宣布，WCG 组委会将不再举办任何赛事。至此，WCG 正式终结。

（2）中国电子竞技大会。

中国电子竞技大会（China Internet Gaming，CIG）是由中华人民共和国工业和信息化部（以下简称工信部）发起、迄今国内规格和级别最高、参与人数最多、覆盖范围最广的国家级电子竞技盛会。

2002 年，CIG 在北京钓鱼台国宾馆举行新闻发布会，宣布举办第一届赛事。本着全民参与的体育精神，第一届 CIG 引入中国象棋、四国军棋、网络台球、升级、斗地主和飞行棋等老少皆宜的体育项目，吸引了近 12 万人参赛，创当年吉尼斯之最。

2004～2006 年，这三届 CIG 大会不仅将电竞拓展到了高校，为中国电竞的未来打下坚实基础。还邀请了多国顶尖选手参赛，开启了中国电竞国际化的进程。

2007～2008 年，CIG 逐渐演变成举世瞩目的数字体育顶级赛事，展现了惊人的吸引力。

2016 年，CIG 共有 10 个比赛项目，其中 PC 端游 8 个（《刀塔 2》、《英雄联盟》、《反恐精英：全球攻势》、《炉石传说》、WAR3、FIFA Online3、《英魂之刃》、《风暴英雄》），移动端 2 个（虚荣、球球大作战），是目前中国第三方赛事中比赛项目最多的一个综合性赛事。这一届 CIG 比赛的参赛人数超过了 20 万，比赛场地遍布中国多个城市，来到现场观看比赛的人数超过 19 万。同时，CIG 与斗鱼 TV、熊猫 TV 等直播平台开展合作，对比赛进行现场直播，观看人数累计超过了 2 500 万人。

4．RTS 游戏市场概况

从 20 世纪 90 年代到 2006 年，即时战略游戏（RTS）是业界的主流，游戏众多，百家争鸣，与 FPS 游戏、体育游戏并称为电子竞技三大核心游戏类型。然而，随着时间的推移，在电子竞技飞速发展的今天，盛极一时的 RTS 游戏却似乎很难再看到它们的影子了，甚至连它们的续作也鲜有人问津。

2008 年，《红色警戒 3》发售时成绩实在差强人意，直到数月后，全平台才艰苦突破百万大关；《星际争霸 2》从 2010 年发售至今也没能突破 500 万销量，全球活跃人数更是只有 100 余万，《星际争霸 3》的发布更是遥遥无期。与 3 500 多万销量的《反恐精英：全球攻势》、每年 1 500 万左右销量的《FIFA》系列比起来，这些曾经的 RTS 王牌游戏似乎风光不再，难以复兴。

为什么会出现这样的情况呢？原因很简单。RTS 游戏虽然有着优秀的品质和对抗性，却与这个时代格格不入。如今，随着经济的发展，全球进入了一个"快时代"。在"快时代"中，大家更乐意玩一些轻松、简单的游戏，而不愿意费时和费力地玩一款复杂的游戏。

因此，虽然 RTS 有着辉煌的过去，但它的衰落是无法避免的。

3.1.4 格斗类游戏

1. 格斗游戏概念

Fight Technology Game，缩写为 FTG，中文译为格斗游戏。这是一种通过操控游戏角色以格斗的方式进行竞技的游戏，这些角色倾向于设计成实力均衡，并无像一般动作角色扮演游戏有等级或装备等强度差异。我方和敌方角色在某个舞台以数个回合较劲。玩家必需精熟诸如防御、反击、进行连段等操作技巧。格斗游戏由于竞技属性比较强，对玩家的竞技技巧有较高的要求，但是这也让其拥有极佳的观赏度，这也是格斗游戏的魅力所在。

这类最初源自现实生活里的武术和搏击的游戏，早期常见于大型的街机之上。随着科技的不断发展，格斗游戏在经历 2D、3D 等技术革新的过程中，游戏视角也逐渐变得更加多元化，但是核心玩法依旧变化不大。

2.《街头霸王》

1985 年动作类游戏《功夫》发行，这款游戏中第一次出现摇杆设置和"P"、"K"两个攻击键，游戏一经推出就受到了热烈的反响。而这些具有开创意义的设定，也因成为格斗游戏的标准而得到延续。

不过，那时的《功夫》严格意义上来说还不属于格斗游戏。直到《街头霸王》的出现，格斗游戏的历史才掀开了新的篇章。

《街头霸王》是由日本游戏公司卡普空（CAPCOM）出品的格斗类单机系列游戏（LOGO 如图 3-24 所示），第一代游戏于 1987 年 8 月 30 日发行。因为是第一代产品，很多地方并不成熟，所以市场表现一般。

图 3-24 《街头霸王》LOGO

1991 年 2 月，经过不断的优化和调整，《街头霸王 2》（图 3-11）正式发布，大获成功。最终，《街头霸王 2》的销量达到了 630 万份。《街头霸王》是 20 世纪 80 年代末至 90 年代末最受欢迎的街机游戏之一，《街头霸王 2》发布以后，更是所向披靡，其他格斗游戏完全无法动摇它的地位。在很多游戏玩家心目中，《街头霸王》成为了格斗的永恒经典。

《街头霸王》明确了格斗游戏的发展方向，让游戏中一些基本的概念得到确立，比如必杀技。当玩家操控角色使出必杀技能瞬间将对手击败的时候，会有一种强烈的快感。玩家们正是希望在游戏中体验到更多的快感才对格斗游戏如此热衷。虽然现在看来《街头霸王》制作不够精良,但不可否认的是它的确是格斗游戏不断发展的一个重要基石。

20世纪90年代后期,由于格斗游戏竞争过于激烈,《街头霸王》的地位渐渐被取代。新的格斗游戏王者,逐渐登上舞台。《街头霸王2》游戏画面如图3-25所示。

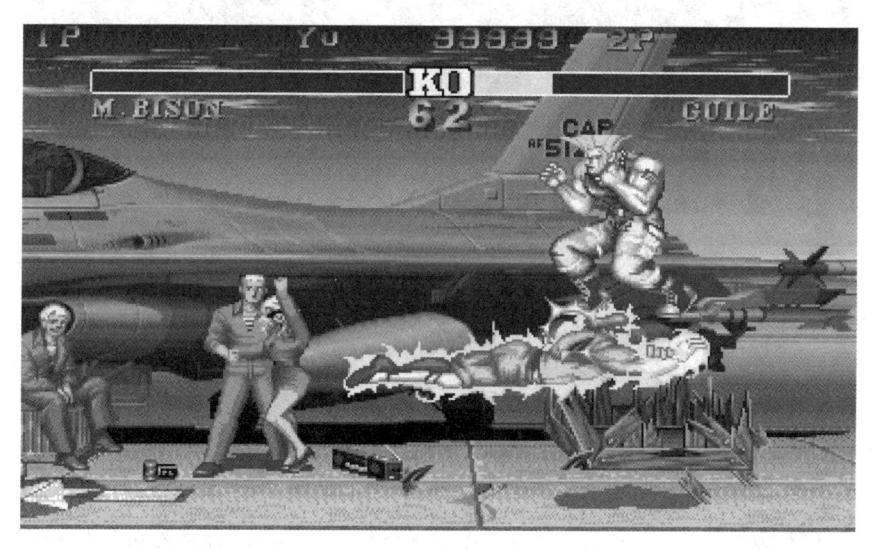

图3-25 《街头霸王2》游戏画面

3. 拳皇

谈起街机,最火爆的游戏类型必然是格斗,当中激发了格斗热潮的是《街头霸王》系列,而将格斗游戏推向高峰的是《拳皇》(*King Of Figthers*,缩写为KOF)(游戏画面如图3-26所示)。拳皇是1994年日本游戏公司SNK在MVS游戏机板上发售的对战型格斗游戏系列,也是在游戏剧情中举行的世界规模的格斗大赛的名称。

因为简单的操作和华丽的视觉效果,《拳皇》迅速吸引了大批格斗游戏玩家,成为了他们心目中的经典。《拳皇》除了优秀的格斗系统之外,它的魅力还在于塑造了一大批各具特色、符合潮流的角色。例如：八神庵、不知火舞、大蛇、草薙京等游戏角色，一直深深地留在游戏玩家的脑海里。对于很多中国格斗玩家来说，《拳皇》比《街头霸王》更受欢迎。

图3-26 《拳皇》游戏画面

拳皇系列游戏的特点就是一年推出一个新版本。1995年，SNK发布了KOF95，提升了画面精细度，系统也更加完善，玩家还可以自由组合队员。作为设计游戏角色的高手，SNK在KOF95中加入了历史性的角色：八神庵。最终，KOF95成为了当时的"格斗之王"！

KOF96的改革不算很成功，但简易的操作也换来了更多玩家的加入与认同。

经过了一年的苦心革面，SNK对《拳皇》进行了用心的改革，推出了KOF97。相比拳皇前三个版本，KOF97各方面均有较大改进，是拳皇系列的成熟之作。这个版本的拳皇，系统完美，招式华丽，打击感强，堪称格斗游戏神作。KOF97使玩家的心理战和技术操作都推向了一个新的高潮，吸引了众多玩家。

对于国内的格斗游戏玩家来说，*KOF97* 是最为熟悉的格斗游戏，也是拳皇系列中最经典的作品。至今仍有不少狂热的玩家对此乐此不疲，这款游戏的发布也奠定了 SNK 在 2D 格斗游戏领域的王者地位。

作为一家追求完美作品的公司，SNK 在收集了大量玩家的反馈后，决定继续改良《拳皇》。于是，*KOF98* 成为了 KOF 系列最完美的一个版本。至今，许多玩家仍然沉迷于 *KOF98* 的练习和对战。

然而，从 *KOF99* 开始，《拳皇》增加了援护系列，破坏了游戏的平衡性，没有一点可玩度，拳皇开始走向衰落。尽管如此，它依然在格斗游戏史上留下了一个光辉灿烂的形象。

4．《铁拳》

随着科技的发展，3D 游戏越来越为人们所熟知，也让格斗游戏走上了 3D 化的道路。1993 年，日本游戏公司世嘉发布了第一款 3D 格斗游戏《VR 战士》（游戏画面如图 3-27 所示），引起了轰动，受到全球玩家的好评。当时的《VR 战士》虽然简陋，但却为 3D 格斗游戏的发展指明了方向。

图 3-27 《VR 战士》游戏画面

在《VR 战士》的启发下，日本游戏公司 NAMCO（南梦宫）也加入了 3D 格斗游戏的行列。

1994 年，《铁拳 1》发布，开启了铁拳系列格斗游戏的黄金时代。

《铁拳》（The King of Iron Fist Tournament）最初的几个版本，如 NAMCO 一般是先推出大型主机版，然后再移植到家用主机。

《铁拳 1》画面采用 3D 技术，人物设定十分独特，操作方式新颖，为当时的格斗游戏界带来了全新的体验。然而，面对炙手可热的《VR 战士 2》，稚嫩的《铁拳 1》完全没有招架之力，市场反响平平。

针对这种情况，1995 年，NAMCO 迅速改良产品，推出《铁拳 2》，终于引起了众多玩家的注意，一炮而红。最终，《铁拳 2》在 PlayStation 上的销量超过了百万份。从此，《铁拳》系列开始与《VR 战士》系列分庭抗礼，统治 3D 格斗游戏领域。

《铁拳 2》旗开得胜，NAMCO 马上又乘胜追击，发布了《铁拳 3》。相比之前的作品，《铁拳 3》增加了攻击招式，提升了人物的防御和反击，优化了画面和人物模型，丰富了游戏的可玩性。付出自然有回报。最终，《铁拳 3》的销量达到了惊人的 716 万份，让 NAMCO 在格斗游戏的市场之争上首次超越老对手世嘉的《VR 战士》。

《铁拳 3》是铁拳系列的转折点，从此之后，铁拳正式晋升为日本的主流 3D 格斗游戏。值得一提的是，《铁拳 3》是很多国内铁拳玩家的启蒙之作。

2004 年的《铁拳 5》是铁拳系列的另一个巅峰，游戏采用了名为"TEKKEN-NET"的网络系统，大幅提升了玩家的游戏体验和游戏黏着度。

经过 20 多年的发展，如今铁拳已经成为格斗领域首屈一指的系列游戏，全球总销量超过 4 000 万套，是 NAMCO 的代表作品之一。

5．格斗游戏主要赛事

（1）斗剧。

斗剧（Tougeki）是著名的电子竞技赛事，海报如图 3-28 所示，由日本著名的游戏杂志《月刊 ARCADIA》主办，是一项以街机格斗游戏为中心的全国级游戏大赛。后来，"斗剧"还提供了海外选手的名额，使得斗剧成为了国际性的格斗游戏大赛。

图 3-28　斗剧 2012 海报

斗剧创办于 2002 年 12 月，2013 年停办，为无数喜爱格斗游戏的玩家提供了一个展现实力的优秀平台。

和一般的电竞赛事不一样，斗剧的特点是以地域划分产生种子选手。比赛期间，日本全国各地进行热火朝天的淘汰赛，而最终的胜利者即成为当地斗剧代表，获得参加全国大赛的资格。在全国大赛上，选手们通过随机对战层层淘汰，直到决出总冠军。

比赛除了"个人战"之外，还有"团体战"。斗剧的比赛项目每年都不一样，甚至连数量也不固定，基本上都是斗剧组委会从优秀格斗作品中选拔，比如《街霸》《铁拳》《拳皇》《VR 战士》《刀魂》等。而在我国大受欢迎的《拳皇 97》虽然观赏性高、竞技性强，但因为平衡性不够、漏洞太多，一直被斗剧委员会排除在外。

在斗剧委员会的专业和坚持下，2003 年首届斗剧大获成功，吸引了以梅原大吾等为首的顶尖玩家参与。随着精彩的对战录像传播海外，斗剧名声大振，引起了全世界格斗高手的注意。于是，斗剧组委会设立了海外预选名额，欢迎来自全世界的格斗高手与日本国内强者较量。从此，斗剧正式成为世界级的格斗游戏盛会，涌现了无数知名职业格斗玩家。

2007 年，中国著名玩家曾卓君（游戏 ID：小孩）在 *KOF98* 项目上首夺冠军，实现了中国格斗玩家在斗剧赛场上零的突破。

自诞生之日起，斗剧就背负着促进街机文化再度繁荣的光荣使命，然而早在创办之时的 2003 年，街机和格斗游戏已经日落西山，斗剧所做的，只能是为格斗游戏爱好者们"延长格斗游戏的黄金时代"。斗剧的衰落，不可避免。

作为世界级格斗赛事，斗剧和 EVO 虽然在名气和影响力上各有千秋，然而经济实力却天差地别。比起 EVO，斗剧的比赛奖金堪称寒酸——个人优胜奖金 5 万日元，二人团体优胜奖 7 万日元，三人团体优胜奖 10 万日元，而 2012 年 EVO《街霸 4》项目的奖金就高达 25 000 美元

（200 万日元以上）。

2013 年主办方宣布斗剧正式停办，让一代格斗游戏爱好者热血沸腾的名字就此终结。

（2）EVO。

EVO（全称为"Evolution Championship Series"，在格斗游戏圈中，简称为"EVO"，或"Evo"）是一年一度的格斗游戏专业级赛事，LOGO 如图 3-29 所示，也是目前全球最大规模的格斗游戏赛事。与日本格斗游戏赛事"斗剧"一样，EVO 的赛事也吸引了全球电竞高手积极参与，覆盖人数多达 7 000 万人。

图 3-29　EVO 赛事 LOGO

EVO 由格斗游戏专业情报网站升龙拳（Shoryuken）的创始人汤姆·卡农（Tom Cannon）1996 年创立。赛事的前身是 1996 年于加利福尼亚举办的"Battle by the Bay"赛事。2002年，赛事正式更名为EVO，固定在美国拉斯维加斯举办，采用双败淘汰制的模式。比赛的项目并不固定，会随时调整，常见的比赛项目有：《铁拳7》（游戏画面如图3-30所示）《罪恶装备》《街头霸王5》《苍翼默示录：神观之梦》《拳皇14》《漫画英雄VS Capcom3》等。

图 3-30 《铁拳7》游戏画面

最早，EVO和斗剧一样，采用街机框体，但在2004年赛方决定所有项目采用家用机版本。此后几年，大部分游戏都是选用PS3平台，而在EVO2014的大部分项目使用Xbox360平台。

后来，随着比赛规模的不断扩大，EVO的参赛人数不断攀升。2009年，参赛人数超过了1 000人。2014年，仅《终极街霸4》项目的报名人数就超过了2 000人。

6．格斗游戏市场概况

20世纪80～90年代，街机风行世界，格斗游戏在玩家们眼中几乎可以说是最具影响力的游戏类型。在那个年代，从某种程度上来说，格斗游戏几乎等同电子游戏。从表 3-1 中，我们可以清晰地感受到格斗游戏的往日辉煌。然而，随着街机逐渐退出游戏舞台，其他类型的游戏日益增多，格斗游戏的表现大不如前。

表 3-1 格斗游戏销量 TOP10（数据源自 vgchartz.com）

游戏名称	制作公司	销量（万份）	发布日期
任天堂明星大乱斗 X	任天堂	1 291	2008 年 3 月 9 日
任天堂明星大乱斗 3DS	任天堂	816	2014 年 10 月 3 日
铁拳 3	Namco	716	1998 年 4 月 29 日
任天堂明星大乱斗 DX	任天堂	707	2001 年 12 月 2 日
街头霸王 2	Capcom	630	1992 年 7 月 1 日
铁拳 2	Namco	574	1996 年 8 月 25 日
任天堂明星大乱斗	任天堂	555	1999 年 4 月 26 日
任天堂明星大乱斗 WiiU	任天堂	507	2014 年 11 月 21 日
街头霸王 4	Capcom	419	2009 年 2 月 17 日
街头霸王 2 Turbo	Capcom	410	1993 年 8 月 1 日

很多游戏从业者开始思考，难道格斗游戏真的没落了吗？其实，这是一个伪命题。从《任天堂明星大乱斗》的畅销及最新的格斗游戏来看，格斗游戏依然大有可为。

在 E3 2017 微软展前发布会上，一款新格斗游戏让人们眼前为之一亮，它就是《龙珠斗士 Z》。2018 年 2 月，《龙珠斗士 Z》发布，迅速得到格斗游戏玩家的喜爱。从 EVO 的报名情况来看，《龙珠斗士 Z》已经超过了《街霸 5 AE》和《铁拳 7》，成为了在 EVO 上最受欢迎的格斗游戏。

从根本上看，只要人类的斗争意识还存在，只要玩家喜欢对打的快感与胜利的喜悦,格斗游戏就永远有市场。

3.1.5 卡牌类游戏

1. 卡牌游戏概念

卡牌游戏(Collectible Card Game 或 Trading Card Game,缩写为 CCG 或 TCG),是桌面游戏中的一种。关于卡牌游戏的起源有多种说法,普遍接受的是现代卡牌游戏,起源于我国唐代一种名叫"叶子戏"的游戏纸牌。

2.《炉石传说》

《炉石传说:魔兽英雄传》诞生于 2014 年,是知名游戏公司暴雪娱乐推出的卡牌游戏,也是当今卡牌类游戏中玩家最多、最成功的游戏之一。这款游戏基于暴雪的《魔兽争霸》系列游戏的剧情和架构,共有 9 个职业,分别由《魔兽争霸》中的角色作为代表。玩家在游戏中要根据自己手中的卡牌制定对战策略,控制卡牌对应的英雄,利用角色本身具有的技能和其他玩家对战。

作为一款纯正的卡牌类游戏,《炉石传说》(游戏画面如图 3-31 所示)充满了浓郁的魔兽情怀,细节到位,音效出色。游戏一共有 9 个职业,每个职业根据套牌组合还能衍生出许多有趣的打法流派,具有非常高的可玩性。

《炉石传说》中的卡牌分为 4 种,分别为随从卡、法术卡、武器卡、英雄卡。卡牌是《炉石传说》的核心元素。游戏中共有 382 张卡牌,但一场游戏中玩家只能携带 30 张卡牌。为了让卡牌发挥最佳效果,玩家需要根据个人喜好和战术需要,从自己拥有的卡牌中自由选择 30 张。这个组合就是套牌。玩家选择的卡牌类型不同,战术也会随之不同。也就是说，套牌会决定你的战术。

图 3-31 《炉石传说》游戏画面

作为卡牌游戏中的代表作，《炉石传说》一经推出就风靡世界。在发布当年，就获得了 App Store 年度优秀游戏，人气爆棚。作为拥有 7 000 万注册玩家的卡牌游戏，《炉石传说》赚钱能力也相当可观。业界权威的数据公司 SuperData 的报告显示，《炉石传说》已经完全称霸卡牌类游戏，月收入达到了 2 000 万美元。

3.《部落冲突：皇室战争》

2012 年 8 月，芬兰游戏公司 Supercell 推出了手机策略游戏《部落冲突》(Clash of Clans，缩写为 CoC)，也称作部落战争，大获成功，长期霸占全球第一手游宝座。

2016 年 1 月,《部落冲突》的主创成员以《部落冲突》的角色和世界观为原型,加入即时策略、MOBA 及卡牌等元素,推出了一个全新的手机卡牌游戏——《部落冲突:皇室战争》(*Clash Royale*,以下简称《皇室战争》),游戏海报如图 3-32 所示。

图 3-32 《部落冲突:皇室战争》游戏海报

在《皇室战争》中共有 74 种卡牌,这些卡牌按品质主要分为普通、稀有、史诗、传奇四个档次,按类型主要分为部队、建筑、法术三大类。

在游戏中,玩家需要通过不断开启宝箱的方式来获取卡片,以此来提升自己的战斗力,进而与其他在线玩家进行匹配战斗。随着奖杯的提升,玩家可以开启不同的竞技场。

《皇室战争》极具创意地融合了卡牌、塔防多种元素的对抗竞技玩法,上手容易,精通难,可玩性强,很快便赢得了全球玩家的喜爱。据移动应用商店数据分析公司 Sensor Tower 的数据显示,《皇室战争》在上架后的两年里累计收入超过 20 亿美元。2017 年 3 月,《皇室战争》获得了第 13 届国际移动游戏大奖最佳多人游戏奖项。

4. 主要赛事介绍

(1)《炉石传说》世界锦标赛。

《炉石传说》世界锦标赛（Hearthstone Championship Tour，缩写为HCT），是由知名游戏公司暴雪主办的《炉石传说》官方电竞赛事，海报如图3-33所示。暴雪每年都会举办暴雪嘉年华，旗下五大游戏《炉石传说》《魔兽世界》《风暴英雄》《星际争霸Ⅱ》，以及《守望先锋》，也在此时举办各自的世界锦标赛。

图3-33 《炉石传说》世界锦标赛海报

2016年，暴雪更改了赛制，创立了《炉石传说》世界锦标赛巡回赛、标准赛及一系列更高规格的赛制。奖金额度也有了提升，总决赛奖金池为100万美元，冠军奖金25万美元。

2017年，《炉石传说》世界锦标赛总决赛在荷兰阿姆斯特丹举行，16位顶尖选手将为了争夺冠军荣誉展开对抗。最终，来自中国台湾的职业选手Tom60229连扳三局，获得了2017《炉石传说》世界锦标赛冠军，成为首位赢得《炉石传说》世界锦标赛总决赛冠军的亚洲选手。

(2)《皇室战争》皇冠锦标赛。

《皇室战争》皇冠锦标赛是最具权威的《皇室战争》全球电竞赛事（职业联赛LOGO如图3-34所示），由游戏出品方SUPERCELL主办。

全球各地的玩家将通过各赛区的官方赛事晋级皇冠锦标赛的全球总决赛，角逐《皇室战争》全球最强选手的头衔。

图 3-34 《皇室战争》职业联赛 LOGO

2017 年 8 月，第一届皇冠锦标赛在全球范围内开打，设有北美、拉美、欧洲、中国、日本、韩国、东南亚、ROW 八大赛区，总奖金高达 100 万美金，冠军奖金为 15 万美元。玩家需要通过海选赛、淘汰赛、线下周赛、赛区总决赛、全球总决赛，才能最终晋级世界总决赛。据统计，超过 2 740 万玩家参与了赛事，他们来自 187 个不同的国家和地区，让本次皇冠锦标赛成为了全球最大的电子竞技锦标赛。

世界总决赛于 2017 年 12 月 3 日在英国伦敦铜箱馆（COPPER BOX ARENA）举行。来自北美、南美、亚洲和欧洲四个大区的 16 位选手，争夺《皇室战争》世界冠军。

最终，墨西哥选手 Sergioranmos 夺得 2017 皇冠锦标赛世界总冠军。中国选手所追寻的风和静战者分别获得了前四和前八的名次，向世界展示了中国玩家的风采。

5. 卡牌游戏市场概况

卡牌游戏，对于很多人来说是一个比较陌生的游戏类型。正因为如此，它的市场价值被大大低估了。

最近几年以来，以集换式卡牌游戏（Trading Card Game，TCG）为代表的卡牌游戏正在全球游戏市场扮演着越来越重要的角色。2013年，市场研究公司Superdata指出，卡牌游戏在全球范围的市场规模已经高达41亿美元，并且呈现出从传统平台向移动游戏平台过渡的趋势。在2012年，卡牌游戏（CCG）总营收增长了32%。卡牌游戏在西方主要国家的营收规模及每月活跃用户数（MAU）为：美国的收入规模14亿美元，MAU1 800万；英国1.8亿美元，MAU230万；德国2.37亿美元，MAU250万。

随着移动互联网兴起，卡牌游戏在移动平台也逐渐盛行。Supercell的数据显示，2012年期间，全球数字卡牌游戏玩家消费月均超出实体卡牌游戏玩家消费9%。2012年5月，继在日本市场收获成功之后，Cygames推出《巴哈姆特之怒》英文版，并于随后不到一个月内跃居美国iOS游戏收入榜第二名。而在该游戏成功铺路之后，*Marvel:War of Heroes*（DeNA开发）和《不义联盟：我们心中的神》（华纳兄弟开发）等卡牌游戏也陆续推出，并获得成功。

在西方市场，卡牌游戏正以前所未有的速度增长，蕴藏着巨大的潜力空间。

2014年，暴雪在发布了卡牌游戏《炉石传说》，现在拥有7 000万玩家，是当时CCG游戏的王者。智能手机和互联网的发展，对CCG游戏市场产生了巨大影响。2015年4月登陆智能手机平台后，《炉石传说》的收入和玩家基数都有显著增长，平均每月收入达到2 000万美元，移动端玩家人数为900万，已经超过PC端玩家人数（800万）。

受《炉石传说》成功的启发，EA 和 Bethesda 等游戏厂商也开始开发新的集换式卡牌游戏。

正是认识到了卡牌游戏的巨大潜力，2016 年，腾讯联合软银等几家财团用 86 亿美金收购了 Supercell 84.3%的股权。这是当年游戏圈最大的一起收购案。最终，腾讯通过财团的多数股权控制实现了对 Supercell 的间接控制。

2018 年 7 月，移动应用商店数据分析公司 Sensor Tower 发布文章宣称，游戏厂商 Supercell 旗下游戏《皇室战争》上线的两年时间里，获得了 20 亿美元的销售成绩。在《皇室战争》之前，Supercell 于 2012 年推出《部落冲突》，该作累计收入已经超过了 60 亿美元。Supercell 成为了全球首家拥有一款以上累计收入突破十亿美元大关的移动游戏发行商。

2018 年 6 月，《皇室战争》的全球收入超过 4 000 万美元，而《部落冲突》的营收接近 7 000 万美元。在 6 月份的全球移动游戏畅销榜上，《皇室战争》位列全球排名第 11 位，第二季度总收入则排名第 9 位，领先于《部落冲突》一个名次。

3.2　其他

3.2.1　休闲游戏

1. 休闲游戏概念

休闲游戏（Casual game）是比较简单、易上手的电子游戏，游戏题材和操作形式都不固定。这类游戏的特点是游戏时间短，难度低，因此，适合放松和休闲。个人电脑操作系统在出场往往会默认安装一些休闲游戏，例如 Windows 上经典的纸牌和扫雷等。还有一些休闲游戏主要考验玩家的观察能力和手脑协调能力,例如,对对碰和俄罗斯方块等。

与其他电子游戏不同的地方在于,休闲游戏并不要求玩家实现某些任务或者达成某些成就,只是用简单的操作来消磨时间。早期一些网络休闲游戏的出现,是为了帮助人们更好地进行社交。需要注意的是,有些轻型游戏要求的智力水平与策略性都很高,所以不能算是休闲游戏,例如围棋、象棋和兵棋类游戏等。休闲游戏的受众面很广,可以说,每个人都是休闲游戏的潜在玩家。休闲游戏通常是免费的,游戏成本很低,因此更容易被人接受。

2.《球球大作战》

在对战类游戏在电子竞技赛事上大行其道的今天,休闲游戏也出现在了电子竞技的舞台上。其中最有代表性的游戏是巨人网络出品的《球球大作战》(海报如图3-35所示),该游戏的出现,令电子竞技赛事多了一种选择。

图3-35 《球球大作战》海报

由此可见，游戏类型从来不是电竞赛事的分水岭。作为移动电竞游戏，自身影响力、可观赏性以及长生命周期相比于游戏类型来说实在重要太多。而这些恰恰是《球球大作战》所具备的。《球球大作战》尚未成为电子竞技赛事的正式比赛项目之前，就有用户在直播平台上直播自己在游戏中的战况，吸引了众多观众。这证明《球球大作战》本身就适合参与竞技，并且具有很强的观赏性。

截止到 2018 年 2 月，《球球大作战》用户数已经突破 4 亿，而且其中 65%的用户为女性。这充分说明了这款游戏的吸引力，以及在未来的发展潜力。

《英雄联盟》刚成为电子竞技比赛项目时，用了三年时间才成为主流。但是《球球大作战》只用了一年时间就拥有了大批拥护者。《球球大作战》官方举办的 BPL 职业联赛吸引了很多高级玩家的关注，这让电子竞技行业内部看到，只要游戏的观赏性、可玩性足够高，具有较强的社交属性，那么即便是早前不被人看好的休闲游戏，也可以在电子竞技市场上分一杯羹。

过去的休闲游戏盈利模式非常单一，几乎只靠移动广告创造收入。《球球大作战》（游戏画面如图 3-36 所示）在这一点上也进行了创新。另外，很多移动电子竞技赛事无法持续引人关注，就在于游戏内容不够精良。而《球球大作战》在游戏内容上投入了更多精力，为移动电子竞技的发展创造了新的机会。

在不少人看来，休闲游戏+电子竞技，就像是一个噱头，既可以借助电竞赛事的东风实现炒作，也能实现游戏产品的宣传。不过，在文化创意角度来看，随着玩家需求越来越多样化，高品质、大热门的游戏产品仍有成为休闲电竞的可能性。而在厂商的精心运营下，休闲电竞也将逐渐发展，并成熟起来。

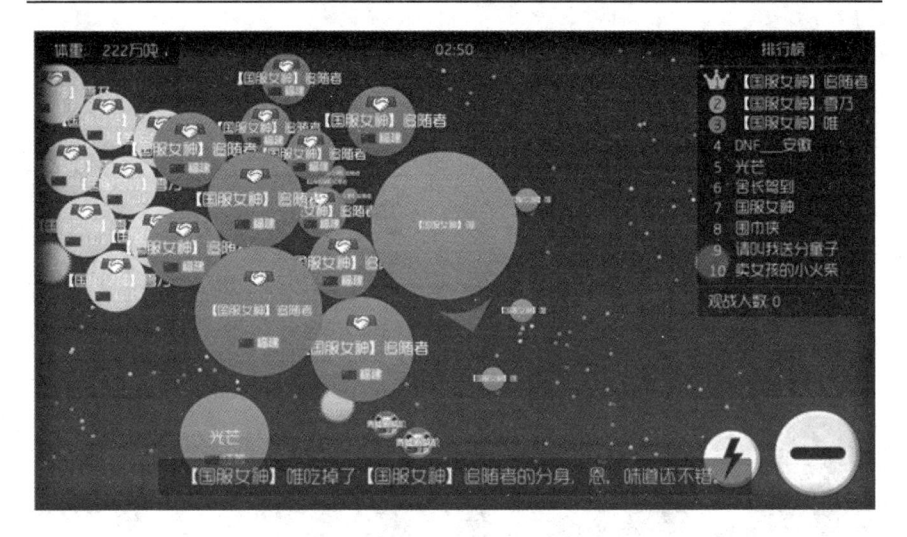

图 3-36 《球球大作战》游戏画面

3．其他休闲游戏

微信平台上的小程序《跳一跳》（游戏画面如图 3-37 所示），在推出之后迅速流行，几乎每个微信用户闲暇时都会玩上几局，还会和好友比一比成绩。因此，《跳一跳》基本具备了成为电子竞技赛事的群众基础和游戏基础。如果腾讯想要在这款游戏上发力，那么《跳一跳》成为另一个流行的休闲电竞游戏也指日可待。

当然，《跳一跳》的成功只是个例，依靠的是微信庞大的用户基数。同样的，并非所有游戏厂商都能与腾讯相提并论。虽然休闲游戏要想走上电子竞技之路，并非易事。但是，这些小型休闲游戏的流行也充分说明，当一款游戏上手简单、可玩性强、有完整的竞赛规则，并且具有一定的对抗性，就具备了成为电子竞技游戏的可能。

前文提到，休闲游戏出现的一部分原因，就是为了帮助人们更好地社交。因此，休闲游戏还天然具有强大的社交属性。社交能够让用户更愿意长期玩一款游戏，这提供一种全新的游戏+社交的场景，是未来休闲游戏的发展方向之一。

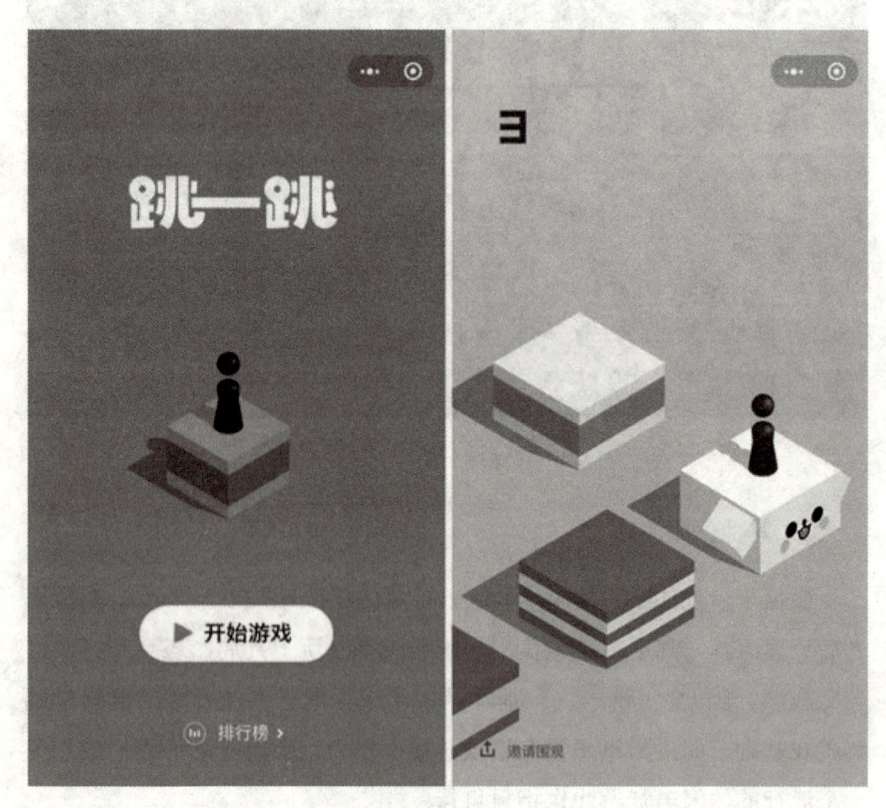

图 3-37 微信小程序《跳一跳》游戏画面

4. 休闲游戏主要赛事

作为一款休闲移动电竞游戏，球球大作战的每局游戏时间短、节奏快，非常容易上手，而且具有很强的观赏性，吸引了众多玩家参与，很适合电子竞技。

球球大作战职业联赛是游戏《球球大作战》的官方职业联赛（Battle of Balls Professional League，缩写为BPL），于2016年在上海创办，主办机构为巨人网络和阿里体育，每年举办一次，赛事奖金为 1 666 666 元，是全世界首个休闲类手游的竞技赛事。2016 年 9 月 3 日，第一届 BPL 在上海宝山开启，10 月 30 日结束，Joker 战队获得冠军。

BPL 设置有专业的赛程、赛制，分为常规赛、季后赛、保级赛和决赛四个部分。在常规赛环节，16 支队伍分为两组，通过三循环对战，争夺季后赛资格，最终前 14 支战队进入决赛，竞争最终的冠军，后两支战队则参加保级赛，为下一赛季职业联赛资格而拼搏。

3.2.2 棋牌游戏

1. 棋牌游戏概念

棋牌游戏（画面如图 3-38 所示），是棋盘游戏和纸牌游戏的统称。与其他游戏相比，棋牌游戏的发展历史较为久远，操作简单而又容易上手，并且难度不大，因此，成为了一项大众化的娱乐活动。起初，棋牌游戏通常是人们在线下玩的游戏。随着互联网的出现，棋牌游戏开始由线下发展至线上。互联网时代的棋牌游戏发展至今已经有十几年的历史了，拥有大量用户，也因此出现了电子竞技赛事。

棋牌游戏的发展随着移动互联网的发展，呈现出爆发式的增长，一度成为用户数量最多的游戏。在华语区影响较深的棋牌游戏主要有扑克、斗地主、麻将、中国象棋、中国跳棋、军棋、黑白棋、五子棋等类型。棋牌游戏的热潮爆发之后，厂商针对用户的细分需求开始了新一轮的思考和改进，出现了许多创新之处。

很多厂商用竞技化的思路运营棋牌游戏。利用比赛的影响力和号召力，可以使棋牌游戏产品得到宣传和用户获取上的优势。

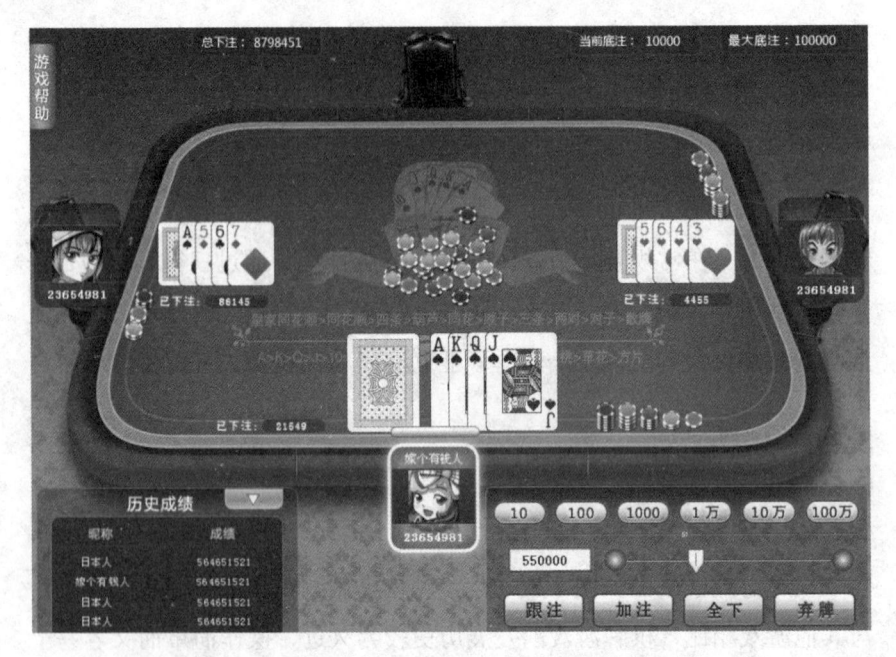

图 3-38　棋牌游戏画面

自 2017 年下半年以来，很多棋牌游戏平台不但在线上开放了比赛模式，更积极在线下组织各种大型棋牌赛事。电子竞技模式的加入，让棋牌游戏市场愈发火热。电竞模式使棋牌游戏的市场更加多元化，运营者为了在竞争激烈的环境下抢占更多玩家资源，就要不断在游戏玩法上进行，使棋牌游戏市场呈现出一派欣欣向荣的景象。2017 年中国棋牌游戏总市场规模 91.6 亿元，这说明棋牌游戏市场的发展空间巨大，电竞化后的棋牌游戏打开了年轻玩家市场。

随着国家对棋牌赛事的扶持力度加大，逐渐开始出现了专为电竞赛事诞生的竞技型棋牌游戏。一些棋牌公司主打的竞赛模式，市场发展也表现不俗。

在 2017 年举办的第 15 届 TFC 全球泛游戏大会上，水木智娱创始人兼 CEO 徐华欧在演讲中举例说："以 DAU（日活跃用户数量）6 500 人、

ARPU（每日用户平均收入）15元的情况来计算，日收入约为10万元，年毛利可以达到1 200万元，组织棋牌游戏赛事的营收相当可观。"总的来说，棋牌竞技化是未来棋牌游戏行业发展的一大趋势。

目前，已有很多游戏厂商看到了商机，全国大大小小的棋牌游戏比赛如雨后春笋一般蓬勃发展。途游游戏举办的TUPT途游棋牌锦标赛便是其中较有影响力的一个赛事。2017年TUPT途游棋牌锦标赛线上累计参与人数近800万人，累计关注比赛人次近1亿人。棋牌游戏电竞化的市场需求可见一斑。

2. 主要棋牌类游戏介绍

棋牌游戏种类比较繁多，但最具人气的主要有扑克（玩法很多，主要有斗地主、升级等）、中国象棋、军棋、围棋、五子棋、麻将、国际象棋等。

3. 主要赛事介绍

关于棋牌类游戏的比赛目前尚不多见，主要是一些地方政府、媒体、企业举办的一些赛事，影响力和传播力都比较有限。其中，最知名的便是上海东方卫视旗下的五星体育频道举办的棋牌游戏赛事。创办于2013年的万人棋牌赛，更是广为人知。

一直以来，上海广播电视台（SMG）旗下的五星体育频道比较注重棋牌游戏节目，是国内首家以高标清同播方式对普通市民参加的棋牌大赛进行全程直播的电视机构。赛事的比赛项目以上海本地棋牌为主，包含上海最热门的棋牌品种：上海三打一、欢乐二打一、上海斗地主、围棋、桥牌等。

3.3 数字体育

3.3.1 无人机

10 年前提起无人机时，人们对它的印象还停留在炮火轰鸣的战场上，遥不可及。而现如今，无人机已经有了民用分支，逐步走入大众生活，和"航拍"、"送快递"、"竞速"等词语纷纷挂钩。

如今，拥有一架属于自己的无人机已经不再是一件难事，爱好者日益增加，无人机成为了一项比较普及的爱好。技术宅们甚至还建立起相关的爱好者论坛，发明各种有趣玩法，组织线下聚会……随着参与者的增加，关注度越来越高，无人机也衍生出了不少大小赛事，开始从一种小众爱好渐渐成长为专业体育项目。

首届无人机世界锦标赛于 2018 年 11 月 1 日在深圳举行。本届赛事吸引了来自 34 个国家的 128 名选手，分别参加赛道竞速赛和直线竞速赛。作为东道主，中国队派出了 8 名选手参赛。

赛道竞速赛使用的赛道非常富有观赏性，全长 650 米，共有三层，高低错落，形状好像中国传统艺术中的中国结。该赛道也是全世界第一个采用立体结构的赛道，对参赛选手的操控水平提出了更高的要求。赛道两旁有 LED 灯光指示条，采用了实时跟踪技术，根据无人机速度的不同显示不同的颜色。这种设置能够让飞手对无人机的状态更加了解，同时也带给现场观众更丰富的视觉享受。

经过 4 天的激烈角逐，11 月 4 日晚，来自澳大利亚的 15 岁少年布朗宁·鲁迪成为首届无人机世锦赛冠军。

鲁迪的夺冠成绩为 84.262 秒，创造了赛会纪录。在赛后接受采访时，鲁迪表示"非常喜悦，甚至在颤抖"。鲁迪有很强的竞争意识，竭尽全力在比赛中发挥出最高水平，力争拿到最好的成绩。他最终能够成为冠军，和这一点是分不开的。

由于鲁迪的出色发挥，澳大利亚国家队赢得了团体冠军。澳大利亚队的飞手都很年轻，他们将无人机竞赛视为一种梦想般的运动。在追逐梦想的过程中，他们学到了很多新知识，人生也因此发生了积极的改变。

中国选手在本届比赛中成绩也颇为亮眼，14岁胡乾惕参加了青少年组比赛，并最终以105秒067的成绩获得第二名。

胡乾惕还是个初中生，但是表现非常成熟。他两年前开始接触无人机，被这种运动的刺激性所吸引，逐渐成为了职业飞手。在胡乾惕看来，我国在无人机领域有很大优势，因为知名无人机品牌大疆就诞生在中国，全世界大多数无人机都在中国制造。但是在训练的时间和系统性上，我国选手有明显的短板。如果在这方面能够追上对手，未来会取得更好的成绩。

在百米直线竞速赛项目上，来自瑞士的选手特罗布里奇·蒂莫西夺得冠军。他操纵的无人机在直线竞速赛上飞出了114.238千米/小时的速度，创造了新的世界纪录。

国际航空运动联合会副主席、国家体育总局航管中心主任贾冰认为，无人机运动是新时代的体育项目，不但能够体现竞技精神，还能够培养选手的创新精神。未来，我国的无人机运动将迎来更好的发展。

1. 无人机竞赛概念

作为新兴的电子竞技项目，无人机竞赛（图3-39是无人机竞赛现场图片）是一项利用无人机作为运动器械进行的人与人之间的智力和体力对抗的新兴电子竞技体育项目。作为竞技场上的主角，无人机尽管十分小巧，却拥有碳纤维打造的防震机身，最高速度可达每小时160千米。无人机的多种竞赛形式拓展了电子竞技领域，将虚拟世界和现实体育相结合。

最近几年，无人机竞赛开始崛起，伴随着参与者的增加和社会关注度的提高，无人机被认为是体育竞技的下一个热点。2016年，据美国高盛投资公司估算，未来 5 年全球企业无人机市场将达到 206 亿美元，消费级无人机销售额则有望达到 140 亿美元。由此，无人机竞技成为了一个具有极大潜力的新兴市场，商业价值不可限量，各类赛事和相关组织也开始随之涌现。

图 3-39　无人机竞赛现场

目前最火热的无人机赛事当数 FPV 无人机竞赛，也就是参赛者戴着第一人称视角（FPV）虚拟现实头盔操作无人机进行竞技的比赛。比赛进行时，安装在无人机上的摄像头会将实时视频传送至虚拟现实头盔上，使参赛者有身临其境之感，也使比赛更具有观赏性。

正因为如此，无人机这个非常酷炫的竞技项目在国际上已经得到了广泛开展，被誉为"空中 F1"。

2. 无人机竞赛发展历程

无人机竞赛的起源来自业余爱好者的狂热。早在四五年前，FPV 无人机竞技爱好者们就已经自发聚集起来,并且组织了一些小规模赛事,此时的无人机竞赛大部分是在公园、网球场上举办。来自法国东部的 RC flying club 在 YouTube 上传了一段在当地森林中拍摄的带有"星球大战"风格的比赛视频,播放总次数突破三百万,无人机竞赛才开始被大众所注意。Santa Cruz FPV 无人机比赛现场如图 3-40 所示。

图 3-40　Santa Cruz FPV 无人机比赛

同样是在 2014 年,美国加州一群无人机爱好者成立了"FPV 探险者和竞技者"组织。几乎是在同一时间,来自澳洲的的无人机爱好者们聚集在空旷的厂房和停车场里进行了室内赛。之后的两年时间内，世界各地的无人机竞赛争相展开。无人机爱好者也从业余转身为职业选手，无人机竞赛成为一种新兴的电子竞技项目。

此后，无人机竞赛开始大步发展。2015 年 4 月，得到了美国航模协会支持的首届 Santa Cruz FPV 无人机比赛开幕。2015 年 7 月，由 Rotor Sports 组织的首届全美无人机锦标赛在加州的萨克拉门托举行，赛事一共吸引了一百多名参赛者，拥有正规赛、自由赛和团体赛 3 个项目。

2016 年最引人注目的无人机赛事莫过于美国无人机联赛，它力图把无人机赛事打造成为"未来的运动"，并带领无人机运动走上更专业的道路。在其他比赛中，飞手们可以使用自己研发的产品，但在这儿，飞手们只能用联赛统一规格的无人机参赛。

说起无人机赛事，就不得不提到 DRL（Drone Racing League）（标志如图 3-41 所示），直译过来就是"无人机竞赛联盟"，可见联盟创始人的野心。经历过多次融资后，DRL 已经成长为一个有组织的体育联盟，拥有自己的签约选手和专业比赛。其所组织的是类似于 F1 方程式赛车的无人机积分排位赛。2016 年开始首个赛季，当年共在全美 5 个场地举办了 5 场专业比赛。2017 年赛季影响范围进一步扩大，比赛场地扩展到慕尼黑、伦敦等地，观众遍及全球 70 多个国家。

面对无人机竞赛这一新兴产业，DRL 还远远没有能够垄断市场，仍然有许多旗鼓相当的联盟存在。

无人机赛事的发展，比较依赖于技术的发展，像 F1 方程式赛车那样转播无人机竞赛，本身就有一定难度。无人机飞行速度非常快，穿过的通道高度和宽度几乎一样，对于拍摄者来说是个难题。正因如此，2017 年的 DRL 锦标赛 Sky 电视台就无法直播。

图 3-41　DRL 标志

对于观众而言，观看比赛的一大原因就是紧张刺激的观看体验，而第一人称视角会带来极佳的虚拟现实体验。但与此同时，当前的技术还不能将第一人称视角的镜头投影到高清设备上——高速移动会让人头晕目眩，引发身体不适。

与国外相比，中国的无人机赛事开始得比较早。早在 2003 年，全球最大的消费级无人机生产商大疆（标志如图 3-42 所示）就以夏令营的方式举办过无人机比赛，这是中国无人机竞赛的雏形。

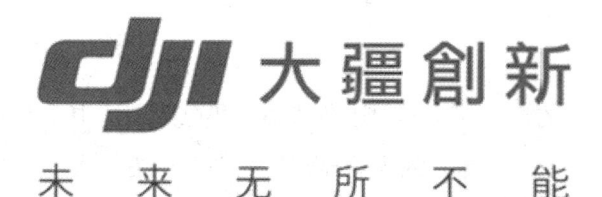

图 3-42　大疆创新标志

2016年5月7日,广州首届低空无人机大赛暨无人机产学研联盟在中山大学成功举办,其中不乏一些明星无人机。此后,中国各大城市相继举行无人机比赛。2018年年初,中国首届国际无人机竞技挑战赛在福建漳州举办,该赛事由国家体育总局和中国航空运动协会指导。

随着科技的发展,无人机的发展更加迅猛。2016年8月,大疆在首尔开办了占地一万五千平方英尺(1英尺=2.54厘米)的无人机练习场。同年,建于旧金山的无人机运动联盟已经在创新机棚里举办了无人机竞赛课程。这些都意味着具有目的性的无人机竞赛课程即将上线。未来,无人机竞赛是否会像传统电子竞技一样朝着职业化方向发展,或者超越后者,我们尚不得而知,但我们能够确定的是,无人机竞赛的发展绝不会仅仅局限于目前的形式,一定拥有更广阔的发展空间。随着组织单位越来越专业,举办经验越来越丰富,比赛品牌不断升值,无人机技术不断发展,无人机竞赛一定能在未来创造更大的影响力。

3.3.2 机器人

1. 机器人比赛概念

机器比赛是指通过各种形式的机器人来完成任务、进行对抗或综合表演的多种形式的竞赛。与传统电子竞技相同的是,机器人比赛的发展也经历了一个从无到有、从单一到综合、从简单到复杂的过程。

随着科技的进步,机器人逐渐从小说和电影剧情中,走进了普通大众的日常生活。近些年,为了培养学生的创新自主能力,并且推动机器人行业的发展,世界上涌现出一大批机器人竞赛,比如机器人世界杯(RoboCup)、机器人足球赛(Fira)、亚太大学生机器人大赛(ABU

RoboCon)、全国大学生机器人电视大赛（CCTV ROBOCON）、国际机器人奥林匹克竞赛等规模较大的比赛，以及数量更多的小型机器人赛事。

2016 年的 CIG 总决赛上，作为主办方特别为观众准备了一个彩蛋——MLF 机器人大赛。

MLF（Major League，FMB）（标志如图 3-43 所示），即"无限制机器人格斗职业联赛"。这一比赛的参赛选手是来自全球的各大机器人格斗职业俱乐部，是专业从事机器人竞技的俱乐部联盟。这个联盟的宗旨是发展机器人竞技事业，用职业化的电子竞技赛事促进民用机器人领域的进步，引导科技的创新。

MLF 的比赛火药味十足，机器人全副武装，互相用各种装备全力攻击对方。当一个机器人身上厚达 2 厘米的钢板被撕裂并抛向空中时，当机器人体内的黑色"血液"——汽油和润滑油抛洒在赛场上时，观众会感觉异常刺激，几乎无法抑制地发出尖叫声。

图 3-43 MLF 标志

2. 机器人比赛发展历程

在 20 世纪 80 年代，就有人在停车场里用遥控车进行小型比赛。

但是正式的机器人比赛，则被公认为起源自 1994 年的旧金山。这一年，旧金山举办了第一届美国机器人大擂台（Robot Wars US）。Mark Thorpe 在制造真空吸尘器遇到了"出乎意料的暴力结果"，因此受到启发，创立这项机器人赛事。首届擂台赛非常简单，场地也十分简陋。比赛将机器人分成三组，分别是轻量级、中量级和重量级。虽然以现在的眼光来看，这场比赛非常乏味，但是在当时仍然吸引了很多人前台观战。

机器人大擂台比赛（比赛现场如图 3-44 所示）在此后的几年中逐渐发展成初具规模的赛事，有更多机器人玩家和团体前来参赛，机器人的设计也更加精巧，破坏性更强。这一时期的很多参赛队伍都成了日后机器人电子竞技行业的中流砥柱。Adam Savage 和 Jamie Hyneman 首次制造出了能够旋转的机器人 Blendo。这台机器人手持武器高速旋转，带来了巨大的杀伤力，甚至威胁到了比赛场地一旁观战的观众们。

图 3-44 机器人大擂台比赛现场

然而让人惋惜的是，机器人大擂台仅仅举办了 4 届，就因为版权问题于 1997 年停办。版权所有人远赴英国，在 BBC 创办了英国版的机器人大擂台。两年之后，美国玩家 Greg Munson 和 Trey Roski 挺身而出，在美国举办了新的机器人比赛。这一比赛被称为博茨大战（比赛现场如图 3-45 所示），将原来的一批机器人玩家再次聚集到了一起。

图 3-45　博茨大战比赛现场

从首届博茨大战开始，机器人比赛进入了高速发展时期。从 2001 年开始，博茨大战分组更加细化，增加了超重量级这一新的级别。每个级别的参赛机器人都超过 100 台。同一时期，探索频道旗下的 TLC 创立了新的机器人比赛 Robotica。这一赛事采用了新的玩法，不像机器人大擂台和博茨大战一样只注重对抗，而是把重点放在了闯关上。机器人要想完成比赛，就要通过主办方设置的种种关卡。不同难度的关卡对应不同的积分，只有获得最好积分的机器人，才能在最终的决赛场地上进行对抗。这种玩法虽然没有强烈的感官刺激，但是风格新颖，别出心裁，因此也有不少追随者。这一赛事进行的时间不长，在举办了 3 届之后，于 2002 年宣布停赛。

早期的机器人大擂台和后来的博茨大战无论是在规则上还是在比赛模式上，都有非常明显的缺点，但仍然为推广机器人竞赛运动做出了巨大的贡献。很多人记忆中的机器人比赛，都源自这两个赛事。但是随着时间的推移，二者身上的缺点暴露得越发明显。机器人大擂台的主办方总是试图控制比赛走向，因此参赛者和观众们开始质疑比赛的真实性。参赛者对主办方越发不认可，因此，最后连官方转播的擂台赛也停办了。

但是，机器人比赛已经有了巨大的市场和广阔的发展前景，许多赛事在地下如火如荼地举办。发烧级机器人玩家 Mike Winter 组建了 Robot Fighting League，这是美国规模最大的机器人联盟，专注于各种机器人格斗比赛。机器人综合世界锦标赛也于 2004 年燃起战火，创造了美国最高级别的机器人赛事。

博茨大战停赛多年之后，在 2015 年又一次出现在人们面前。该赛事高调与 ABC 电视台签约，宣布在当年夏天进行新的机器人比赛。这个全新的赛事规模小了很多，所有级别总共只有 24 位选手参赛。但是在重量级方面，最高重量比以前有所提高，上限达到了 250 磅。这场比赛距离博茨大战最后一次出现在荧屏上，已经过去了 13 年。但是比赛的魅力依旧不减当年，很多选手报名参加，并且在收视率上获得了成功。

这场比赛也令观众直观地看到了科技的发展带来的巨大变化。13 年前的旋转机器人已经让观众非常震撼，但是如今带动机器人旋转的电机功率更大，带来的效果更加震撼。好在场地也更加专业，不必担心有安全方面的问题。其他武器系统也得到了全方位的升级,例如,弹射武器的力度能够达到惊人的 20 000 磅(约合 12 吨)。在这样的技术推动下,比赛变得更加刺激,比赛结果也更加难以预料,因此,在整个比赛期间,收视率一直保持在很高的位置,在大部分时间里都位列第一。

机器人格斗大赛在诞生了 20 多年之后,迎来了全新的起点。过去,机器人比赛只能在几乎毫无保护措施的简陋场地上进行,如今则处于聚光灯下,将机器人置于钢化玻璃制成的箱体中,在巨大的场地上人们可以欣赏机器人之间的激烈拼杀。机器人比赛代表了工业科技的巅峰,是高超的制造技术和控制技术的集中体现。随着科技的发展,未来的机器人比赛将会更加精彩,让我们拭目以待。

第4章　产业

4.1　赛事

4.1.1　赛事类别

1. 官方赛事

官方赛事，主要指由电竞游戏的开发商或运营商主办的电竞赛事。一般来说，官方赛事通常为线下的单项赛事，规模较大，专业程度较高。随着互联网的发展，在举办线下大型电竞比赛的同时，赛事主办方还会通过直播平台等线上方式与观众进行交流和互动，从而达到扩大赛事影响力和品牌影响力的目的。

如今，官方赛事在电竞市场上占据主导力量。这类赛事已经形成了一个利益闭合链：通过赛事带来更多用户；用户反哺游戏，带来更多收入；加大投入，发展更多、更大的赛事。这种良性循环促进了游戏和官方赛事的共同发展。

目前，世界知名游戏公司几乎都有自己主办的电竞赛事。其中，三个美国游戏研发商（维尔福公司、暴雪娱乐公司和拳头公司）举办的赛事在世界范围内有巨大的影响。

（1）S系列赛。

《英雄联盟》全球总决赛（World Championship），即S系列赛，是所有《英雄联盟》比赛项目中最高荣誉、最高含金量、最高竞技水平、

第 4 章 产业

最高知名度的比赛，一年举办一次，主办方为拳头公司。冠军奖杯被命名为召唤师奖杯（官方宣传图如图 4-1 所示）。

图 4-1 《英雄联盟》官方宣传图

首届 S 系列赛诞生于 2011 年，在瑞典举办，奖金为 10 万美元。这届比赛吸引了 160 万名观众通过网络收看，观众人数在半决赛时达到了 21 万人的峰值。

随着时间的推移，S 系列赛的影响力越来越大。

S2 的参赛队伍有 12 支，总奖金高达 200 万美元，其中冠军独享 100 万美元。通过各种渠道收看比赛的观众总数约为 828 万人，创造了当时的观赛人数纪录。

S3 的参赛队伍同样为 12 支，总奖金有所提升，为 205 万美元，冠军奖金为 100 万美元。本节比赛的观赛人数在上一届的基础上增长了 4 倍，多达 3 200 万人，最高同时观赛人数达到 850 万人。

S4 的参赛队伍扩充为 16 支，分组方式也进行了改革，采用了全新的抽签方式。本届比赛总奖金为 213 万美元。观看比赛的人数为 2 700 万，其中观看决赛的人数达到了 1 120 万人，比上一年增加了三分之一，创造了新的纪录。《纽约时报》在报刊封面刊登了长文《游戏的重量》，大篇幅报道了 S4 总决赛的盛况。

S5 的参赛队伍同为 16 支，奖金也保持在了 213 万美元。在本届比赛中，英国 BBC 首次直播了八强淘汰赛。观看决赛的独立观众数量达到 3 600 万人，其中最高同时在线观众数量为 1 400 万，比上年增长了近 30%。

S6 的参赛队伍同为 16 支。从这届比赛开始，拳头公司推出了冠军皮肤，将这一道具收入的 25% 放入总奖池，使得奖金数额大幅提升至 670 万美元。本届比赛的观众数量达到了 4 300 万人，其中同时在线观众数量达到 1 470 万人，打破了之前所有电竞赛事的纪录，中国 RNG 战队与韩国 SKT 战队比赛现场如图 4-2 所示。

图 4-2 中国 RNG 战队与韩国 SKT 战队比赛现场

第 4 章 产业

S7 新增了入围赛制度，所有《英雄联盟》职业赛区的全部 24 支队伍通过多个阶段的角逐，争夺最后的决赛入场券。本届比赛的奖金为 460 万美元。S7 的观众人数超过 1 亿人，其中，在中国战队 RNG 与韩国战队 SKT 之间进行的半决赛中，观众数量为 1 亿零 468 万人，创造了新的纪录。

S 系列赛事让电子竞技以前所未有的高调姿态呈现于世人眼前，让社会公众对电竞话题的讨论变得空前热烈。虽然中国大陆战队在 S 系列赛上还没有获得过冠军，但是中国的电竞行业受到这一赛事的影响，逐渐走到台前，获得了越来越多的关注。

（2）TI 赛事。

维尔福公司旗下最著名的赛事就是《刀塔 2》国际邀请赛（The International DOTA2 Championships，TI）（TI 赛事官方宣传图如图 4-3 所示）。

图 4-3 TI 赛事官方宣传图

2011 年 8 月，第一届 TI 在科隆的游戏展上拉开序幕。此次比赛共邀请了 16 支国际队伍参与，160 万美元的比赛奖金由维尔福公司出资赞助。

TI2 邀请了 15 支战队参加，总奖金为 160 万美元。本届比赛中，中国的 IG 战队获得了冠军，赢得了将近 100 万美元。这一年，也是中国《刀塔 2》的兴起之年。

TI3 的参赛队伍为 16 支，其中 13 支战队是受邀参加，另外 3 支战队则通过预选赛才获得了参赛资格。本届比赛中，维尔福制作了"观赛指南"出售，收入的四分之一放入奖池，这使得本届比赛的总奖金高达 287 万美元。据相关数据显示，超过 100 万人次通过互联网观看了这场赛事。

TI4 将比赛场地移至更为宽阔的钥匙球馆，同时，维尔福按照现场观赛位置将门票划分为三种不同价位。门票开售后，不到一小时便全部售罄。本届比赛参赛队伍 16 支，其中，受邀参加的有 11 支，另外 4 支队伍通过地区选拔赛选出，还有 1 支通过外卡预选赛选出。本届比赛的奖金超过 1 000 万美元，打破了之前所有电竞赛事的奖金纪录。

TI5 的参赛队伍同为 16 支，受邀战队数量进一步减少，只有 8 支，余下 8 支战队都是通过层层选拔才得以参赛。比赛总奖金再次刷新纪录，超过了 1 800 万美元，其中 1 640 万美元是通过销售门票获得。这也说明观众对《刀塔 2》的热情空前高涨。

TI6 的受邀参赛队伍只有 6 支，这也使得欧洲、美洲、中国、东南亚四个地区预选赛的冠军和亚军都能参加真正的主赛事。另外，两个空位在外卡赛中产生。TI6 的奖金总额达到 2 073 万美元，其中除了维尔福提供的 160 万美元基础奖金之外，其余奖金都来自玩家购买的观赛门票。

TI7 正式开赛之前，奖金池的数额就不断攀升。截止到 2017 年 7 月 30 日，奖金池中的奖金已经达到了创纪录的 22 973 571 美元，约合人民币 1.55 亿元。这也意味着，冠军奖金将超过 1 000 万美金。TI7 的参赛队伍共有 18 支，其中有 5 支中国战队，分别为 LGD、iG、iG.V、Newbee 和 LFY。经过 10 天的激烈角逐，在最终的决赛上，欧洲劲旅 Liquid 以 3∶0 击败了中国的 Newbee 战队，获得冠军。

（3）暴雪嘉年华。

暴雪嘉年华是暴雪娱乐公司举办的一年一度的游戏赛事（暴雪嘉年华现场如图 4-4 所示），举办地点在美国。暴雪旗下的主流游戏《魔兽世界》《魔兽争霸》《星际争霸》《暗黑破坏神》《炉石传说》等，都会在暴雪嘉年华中亮相。

图 4-4　暴雪嘉年华现场

首届暴雪嘉年华于 2005 年举办，现场参与人数为 8 000 人。第二届暴雪嘉年华则在两年后的 2007 年举行，参与人数为 13 000 人。2009 年，现场观众人数增加到了 20 000 人。2016 年，有 25 000 人参加了这次盛会。

观众参加暴雪嘉年华需要购买门票。前三届门票价格均为 100 美元，在 2009 年时提高到 125 美元，在 2010 年继续上涨至 150 美元，在 2011 年则为 175 美元。购买门票后，可以参加两日内的所有活动，还会获得官方赠送的"惊喜袋"。

在 2014 年的暴雪嘉年华上举办的《星际争霸 2》全球总决赛中，赛前并不被人看好的 17 岁少年 Life 击败老将 MMA 获得总冠军，独揽 10 万美元奖金。2016 年的暴雪嘉年华《星际争霸 2》全球总决赛由人族选手 ByuN 夺冠，获得了 20 万美元的冠军奖金。

2. 第三方赛事

第三方赛事，是由非游戏开发商、非游戏运营商等第三方举办的综合性电竞比赛。通常，这类比赛需要获得游戏开发商或者运营商的授权。近年来，第三方赛事的数量逐步增多，比赛类型和比赛项目与官方赛事相比更加灵活多样。通常第三方赛事的时间较短，由于游戏选择的自由度较高，受电竞游戏生命周期的影响也比较小。

小型的第三方赛事一般会在游戏展会、商业活动、行业峰会，甚至网吧中举办线下的规模较小的短时间比赛，这些赛事的奖金、地域、规模非常有限。但是，也有一些大型的第三方赛事存在，这些赛事往往由行业内大公司和地方政府主导，通过大规模投入和大覆盖范围获得良好的经济收益和商业影响力。下面详细介绍 3 个国内外著名的大型第三方综合性赛事。

（1）WCG。

WCG 由韩国国际电子营销公司（Internation Cyber Marketing，ICM）主办，由三星和微软提供赞助。WCG 自 2001 年起开始举办，每年一届，持续举办了 14 年（2004 年 WCG 现场照片如图 4-5 所示）。

在第一届 WCG 举办之前，韩国曾举办了一场涵盖 17 个地区、4 个项目的电子竞技邀请赛，名为 World Cyber Game Challenge，这可以算是 WCG 的雏形。这场比赛选择了当时正热门的几款游戏，包括《星际争霸：母巢之战》《雷神之锤 3》《帝国时代 2》和《FIFA2000》。

第 4 章 产业

图 4-5　2004 年 WCG 现场

得益于 WCG Challenge 的成功举办，ICM 获得了三星公司的赞助，正式开始筹备 WCG 国际电子竞技大赛。WCG 以"Beyond the game"为口号，在全世界多个国家举办预选赛，致力于让全球顶尖游戏玩家齐聚一堂，促进电子竞技文化的发展和传播。

首届 WCG 在国际上打响了知名度，到了 2002 年的第二届 WCG 时，不但参赛国家和选手更多了，奖金数额也翻了一倍多，从六十万美元上涨到一百三十万美元。WCG 2002 总决赛时间定在 10 月，从当年 3 月开始，各个预选赛赛区就开始了比赛，争夺最终决赛的门票。这一届 WCG 上出现了中国战队的身影，中国战队参加了全部四款游戏项目的角逐。

2003 年，第三届 WCG 再次返回首尔举办。这届 WCG 有 55 个国家派出战队参赛，最终有 562 名选手进入世界总决赛。经过两届的成功举办，WCG 已经积攒了极高的人气。同时，正是在这一届 WCG 上，《魔兽争霸3》第一次作为比赛项目加入。

2004年的WCG终于展现出了一项国际赛事应有的风范，首次将决赛场地放在了国外，众多高手会师美国旧金山。在这一届赛事中，比赛项目范围首次突破了电脑游戏的限制，将XBOX平台上的电视游戏也纳入比赛项目中。

自从WCG 2004迈出国门后，便开始了一场全球巡礼。2005～2013年的决赛比赛场地分别位于新加坡、意大利蒙扎、美国西雅图、德国科隆、中国成都、美国洛杉矶、韩国釜山和中国昆山。

2008年之前，WCG一直处于稳步发展的状态，然而随着金融危机的到来，全球娱乐行业都受到了影响。资本市场的动荡，导致赞助商更加谨慎地投资。在这一年里，整个电子竞技行业都进入了寒冬，WCG也不可避免地走向了没落。

2014年，WCG组委会宣布停止一切赛事，持续了长达14年的WCG画上了句号。

（2）CIG。

中国电子竞技大会（CIG）是由中华人民共和国工业和信息化部（简称工信部）发起，迄今为止国内规格和级别最高，参与人数最多，覆盖范围最广的国家级电子竞技盛会（2016年CIG宣传图如图4-6所示）。

在工信部的支持下，中国各大通信运营商联合发起了中国电子竞技大会。CIG是以半职业网络游戏比赛、展览、论坛、峰会、调查为内容的综合性活动，旨在推广电子竞技，以及帮助电信行业发展。CIG致力于为整个游戏产业链上自政府部门、行业协会，下至运营企业、消费者提供一个开放互动、交流推广、合作共赢的平台。

第 4 章 产业

图 4-6　2016 年 CIG 宣传图

CIG 以张扬电子竞技理念、倡导健康益智精神、共建电子竞技联盟为宗旨，致力规范网络游戏市场，打造"国字号"电子竞技品牌，开创中国电子竞技产业的"奥斯卡金奖"——金手指奖，促进电子竞技产业生态圈的繁荣与发展。

首届 CIG 参赛人数高达 12 万人，创下了吉尼斯世界纪录。最近的一届 CIG 比赛中，参赛人数甚至超过了 20 万，比赛场地遍布中国多个城市，来到现场观看比赛的人数超过 19 万。同时，CIG 与斗鱼 TV、熊猫 TV 等直播平台开展合作，对比赛进行现场直播，观看人数累计超过了 2 500 万人。

中国的电子竞技运动起步较晚，电竞产业链较为松散，CIG 推出的一系列赛事，可以很好地整合产业链的上下游。举例来说，CIG 的校园联赛在高校这一特殊环境里搭建起了一个可以沟通、展示、推广电子竞技的平台，吸引更多的高校学子了解、关注电子竞技这一新兴产业，从而吸纳新鲜血液，促进产业良性发展，也为我国本土游戏产业发展提供了宝贵的可持续发展的动力。

（3）IEM。

英特尔极限大师赛，全称为 Intel Extreme Masters（简称 IEM），是由英特尔与电子竞技赛事组织 ESL 共同创办的（图 4-7 为 IEM 2017 现场照片）。IEM 诞生于 2006 年，经过 10 多年的发展，已经成为全球瞩目的知名赛事。

图 4-7　IEM 2017 现场

IEM 赛事包括《反恐精英》、《魔兽争霸》、《星际争霸 2》、《雷神之锤》及《英雄联盟》等知名游戏项目。其中，《反恐精英》项目世界总决赛冠军奖金为 50 000 美元，星际争霸 2 项目世界总决赛冠军奖金为 10 万美元。根据 IEM 的比赛规则，奖金为冠军队伍独享，亚军则颗粒无收。

IEM 曾经创造过单场现场观战观众的世界纪录，当时有 11 万 2 000 名观众在现场观战。时至今日，有超过 4 000 万名观众通过各种渠道收看了 IEM 比赛。IEM 举办至今，总奖金数已经超过了 800 万美元。

4.1.2 赛事架构

举办一场电子竞技赛事，一般需要由多个部门互相配合。以赛事为核心，赛事主办方负责提出要求，赛事执行方负责具体执行到位。

通常来说，在赛前，主办方要与各个执行方洽谈，随后进行竞标。竞标成功的执行单位开始立项，制作赛事流程的具体方案，并与主办方保持沟通，确定比赛中的细节。执行方统筹协调舞美、灯光等专业人员，布置场地。在比赛进行的过程中，执行方要确保每个环节都按计划衔接，比赛有序进行。制作单位要保证舞台效果，收集素材，为后期做准备。比赛结束之后，主办方与执行方要进行总结，查找疏漏。同时，执行方要把赛事内容编辑制作好，提供给各传播渠道。

4.1.3 赛事主办与执行

1. 主办方和执行方的概念

主办方是指有权举办某项活动的机构，就是发起展览会或会议、论坛的单位或个人。电竞赛事主办方，就是指有权举办电竞比赛的机构，负责连接电竞俱乐部和观众，起着承上启下的作用。

赛事执行方，顾名思义主要负责赛事执行，将主办方的想法与目的充分实现。执行方是否承办某一赛事，最主要的评判标准就是这场比赛是否能够有足够的利润空间。在承办比赛的时候，执行方要从比赛的影响力、赛事的规模、游戏的市场等各个方面来综合考量一场电竞比赛该如何进行。赛事执行方向下又分为市场、制作和后勤等具体部门。

2. 主办方和执行方的职责

具体来说，赛事主办方的职责在于根据赛事的要求和参赛俱乐部的档期来选择赛事举办的时间，负责邀请俱乐部和嘉宾，确保赛事的规模和号召力。在赛事准备过程中，主办方应当全程参与，对于不足之处要及时给予指导。要具体安排赛事举办的时间和参赛的队伍，确定赛事举办地点，邀请媒体进行宣传。赛事结束之后，主办方将根据赛事的成功程度确定具体收入。其中包括赛事收入、赞助收入和转播权许可收入等。

通常来说，为了确定是否承接比赛，赛事执行方都会事先与主办方取得联系，了解赛事的具体要求，是否正规，是否有合法的授权等。一些大型赛事因为具有极高的关注度，也会给执行方带来更高的曝光度，因此会吸引很多执行公司争夺举办权。在这种情况下，赛事主办方往往会采用公开竞标的方式，择优挑选合作伙伴。一旦执行方确定承办比赛，就要进行赛事策划。

在电竞赛事进行过程中，执行方要全程保持高度注意力，对所有环节做到随时掌握、风险可控。如果遭遇突发事件，应当有充分的预案和临场措施，及时解决问题，让赛事得以顺利进行。舞台流程应该处于监管中，按照计划有序进行。后勤保障工作也应该到位，参赛选手和媒体人员应该安排好食宿。

赛事结束后，执行方要对赛事的执行过程进行总结，制作部门要把采集到的内容进行后期加工，提供给各个播放渠道。

3. 线上赛事中主办方和执行方的关系

为了更好地策划好一场比赛，进行合理的资源配置，通常将电竞比赛分为线上、线下、官方、商业等多种类型。在不同类型的电竞比赛中，赛事主办方与执行方发挥的作用也不尽相同。

线上赛事主要是通过网络进行的，通常是一些公司为了扩大影响力或者吸引玩家而进行的一些小型比赛。赛事执行方只要在有关比赛的参战人员、推流的流畅度、观众的观看效果等方面有较好的把控能力即可，或者配合主办方完成一些线上活动。虽然规模无法与大型官方赛事相比，但是许多赛事执行方也将其作为积攒自己品牌影响力的一个重要途径。

4．大型官方赛事中主办方和执行方的关系

大型官方赛事代表着线下电竞比赛最高的水平，通常都是官方举办的联赛和杯赛，受到的关注程度也比较高，对于赛事执行方的选择也有着严格的标准。但是，这类比赛大多有大型的游戏公司作为支撑，不仅市场影响力较大，而且公司也会利用自身的多种渠道进行宣传。对于这类赛事来说，基本代表了该游戏赛事的最顶尖水平，包括官方举办的联赛和杯赛等，也代表了官方在观众中的形象。因此，对于这类赛事的要求也十分严格，大型官方赛事：TI8 现场照如图 4-8 所示。

图 4-8　大型官方赛事：TI8 现场照

大型官方赛事通常会实行竞标，由官方确定执行方。赛事执行方主要负责统筹规划，从比赛的场地、灯光、舞台效果到比赛的参与者、主

持人、解说员等都由执行方负责，有时候也需要接受官方的一些安排。关于赛事的推广宣传、游戏的数据等涉及技术类的问题则主要由官方负责。

官方在赛事的执行上拥有绝对的话语权，绝大部分环节都需要主办方同意才可以施行。例如，在解说和主持人的选择上，有些官方赛事的主办方会为执行方提供一份名单，写明希望哪位嘉宾在哪个场次出现。而执行方则要和这些嘉宾进行直接沟通，落实出场时间。

官方赛事宣传通常是由主办方进行的。因为主办方在这方面具有天然的优势，可以直接推广到游戏用户。执行方的任务是制作官方宣传片和宣传海报。

官方赛事分为长期赛事与短期赛事，这两种赛事对于执行方的要求也是有所不同的。在长期的赛事中，赛事执行方需要具备稳定的执行能力。而在短期的赛事中，执行方则需要根据官方的要求来加入一些不同的元素（商业、节日等）。

赛事的关键是观众的观赛体验，例如，比赛中会出现选手的各项操作数据，赛后会选出本场 MVP 和最佳镜头。在这方面，主办方和执行方各有分工。其中，数据统计工作是由执行方负责的，官方则会负责一些游戏中看不到的数据，例如，《英雄联盟》中击杀对方英雄后在一段时间内获得的经济收益。因此，观众最终看到的数据，是主办方和执行方共同制作完成的。

赛事的直播也由执行方负责，要想满足高质量的直播需求，执行方需要耗费大量的精力。电竞赛事对现场设备和演播室的性能要求很高，执行方要全程管控，而主办方则会全程监督。

5. 大型第三方赛事中主办方和执行方的关系

大型第三方赛事的流程与官方赛事基本一致,但是在具体要求上不如官方赛事那样严格。因为第三方赛事本身不拥有游戏版权,因此,在比赛之前需要向游戏厂商申请授权。如果第三方赛事的主办方对申请授权不了解,执行方需要代主办方申请,大型第三方赛事:IEM 现场照如图 4-9 所示。

图 4-9 大型第三方赛事:IEM 现场照

当前,官方赛事变得越发强势,而第三方赛事的声望和盈利水平都难以达到与前者相同的水平。赛事主办方往往不如游戏厂商强势,执行方对此拥有更多的谈判资本。

6. 小型第三方赛事中主办方和执行方的关系

小型第三方赛事通常是为了品牌推广举办的,对赛事的质量要求不高，只要能够正常运行就可以了（图 4-10 为小型第三方赛事照片）。这种小型赛事很难邀请到知名战队或者选手参赛，因此，比赛通常不够精彩。为了吸引观众，执行方需要制造一些噱头。

图 4-10　小型第三方赛事

如果无法邀请一线战队，那么执行方会寻找知名解说或者明星来为赛事站台，转移观众的注意力。这类比赛也不像官方赛事那样有严谨的比赛规则，而是会迎合观众的爱好，在比赛中增加戏剧性，人为地制造看点，这些也是要由执行方具体负责的。

综上所述，主办方和赛事执行方在分工上要尽量明确，把责任进行具体划分，要求每个部门对自己负责的业务严格把关，让赛事的进行得到保障。在外界看来精彩纷呈的赛事，需要主办方和执行方提前做好准备，在执行过程中落实到位。因此，一场电子竞技赛事是否能够取得圆满成功，在很大程度上都要依赖主办方的良好规划和赛事执行方的良好表现。

4.2 俱乐部

4.2.1 俱乐部在产业中的地位

电竞俱乐部应该是电竞产业中的主力军，在电竞产业中起到承上启下的作用。

（1）作为上游研发商的承接者。

电竞俱乐部与电竞赛事主办方共同处于电竞产业链的中游，即内容生产方，负责承接上游游戏厂商提供的电子游戏，向广大玩家群体提供优质的电子竞技内容，提高游戏关注度和人气，从而获得相应的经济收入。

（2）作为赛事的核心参与者。

电竞俱乐部作为赛事的主要参与者，在电子竞技产业的地位也随着电子竞技产业的发展不断变化。在电子竞技产业发展的初期阶段，电竞产业的重心在于产业上游的游戏研发商和运营商，这一阶段主要还是靠游戏本身的内容吸引玩家，赛事体系还未健全，所以，电竞俱乐部的地位并没有着重体现。

随着赛事体系逐渐完善，玩家群体对于赛事内容和俱乐部逐渐了解，各个俱乐部也逐渐拥有自身的粉丝群体，并获得公众的关注。

现在，职业赛事体系业已经形成，俱乐部的管理和培养体系也有成熟经验，高规格的国际赛事为电竞俱乐部提供奖金与荣誉，高水平的电竞俱乐部的参赛也让赛事水平提高了一个台阶。

（3）作为延伸至下游的开发者。

未来，电竞俱乐部也逐渐向电竞产业链的上下游延伸，以获得新的利润来源和曝光率。例如，以 LPL 为首的电竞俱乐部城市主场化趋势，经过 3 年的联盟化与主客场建设，预计 2020 年主场建设所带动的场地配套商圈将会有接近 22 亿元的收入规模。

4.2.2 俱乐部的架构

通常来说，一家电子竞技俱乐部的组织架构可以按照职责不同，分为以下三个部门。

1. 赛训部门

顾名思义，赛训部门负责是赛事和训练。这是一家电子竞技俱乐部最基础的配置，通常来说，俱乐部的赛训部门就是对外所称的战队。在一支战队中，核心成员是有资格参加比赛的队员。这些队员是俱乐部取得所有成绩的基础。因此，俱乐部会以他们为中心打造一支服务团队。团队中包括领队、教练、替补队员、心理辅导师、营养师和数据分析师等。一些俱乐部还会按照队员的要求配备额外的专业保障人员，对外国队员还会配备翻译和语言教师。

虽然每个俱乐部的基础都是赛训部门（电竞战队选手比赛照片参见图 4-11），但是，各家俱乐部的实际情况有所不同，甚至在同一个俱乐部中，根据比赛项目的不同或者战队级别的不同，配置的人员也不同。有些战队设置的岗位非常具体，每个岗位都有专门人员，各司其职。还有些战队人员较少，因此，常有一人身兼数职的情况。通常来说，俱乐部的规模越大，资金越充足，赛训部门的保障体系就会越完善。

图 4-11　电竞战队选手比赛照片

2．业务部门

一家俱乐部的具体运营由业务部门负责。或者说，一个从事电子竞技运动的团体，是单纯的战队还是正规的俱乐部，取决于是否设置了业务部门。俱乐部的业务除了管理战队之外，还要和媒体对接，负责俱乐部的宣传，同时还要洽谈商业合作，为俱乐部争取更多收入。

（1）战队业务部门。

战队业务部门包括组建或者撤销某个游戏项目分部；与战队成员的签约、续约和解约；非正式队员转为正式队员，1 队队员下放至 2 队，以及与其他俱乐部商讨队员的转会等。因为战队业务涉及的是俱乐部最核心的内容，因此，这一部门的负责人通常拥有很高的决策权。很多俱乐部的战队业务都由管理层直接负责。

（2）媒体业务部门。

媒体业务部门的负责人要和媒体打交道，负责俱乐部的宣传工作。

一家俱乐部的形象，基本取决于媒体业务部门的工作质量。媒体业务的核心内容是及时发布与俱乐部有关的信息，例如，未来一段时间的赛事安排，战队成员是否出现了变化，以及俱乐部官方有哪些最新公告。当然，电竞爱好者最喜欢的永远是八卦消息，例如，选手在日常训练和生活中的趣事等。媒体部门还要负责为队员安排采访，制作官方宣传品，平时拍摄训练花絮，收集明星队员的表情包等。

一些社交网站和自媒体是非常重要的信息输出端，因此，各家俱乐部都有专人负责维护官方微博、微信公众号及知乎账号等。这些账号需要很多专业人员共同打理，例如有文案撰写人员、视频编辑人员及营销专家等。

（3）商业业务部门。

商业业务部门负责俱乐部对外的一切商业活动，包括与赞助商商讨赞助事宜，为旗下战队成员接洽商务合作，例如，拍摄广告或者为某产品做代言等。还有一些线下活动，例如校园见面会、粉丝见面会等。这些活动通常来说由俱乐部中的商务经理负责统筹安排。俱乐部如果有电商部门，还会有专人负责运营网店，设计和制作周边产品。

3. 行政部门

正规俱乐部的行政部门，就是企业中的管理团队。大型俱乐部都采用公司制，组织架构和其他公司类似，有法人代表、总经理，以及下属的各职能部门及相关负责人。电子竞技俱乐部特有的公司文化，在于有一批后勤人员管理选手，以及各团队的饮食、住宿和日常生活，因此，显得更有生活气息。

俱乐部的组织架构大体可以分为以上三个部门，各家俱乐部视具体情况有不同安排。一些大型俱乐部的架构比较完整，人员配置也非常齐全。

二线俱乐部中,就可能出现身兼数职的情况。而规模更小的地方俱乐部,往往只能保证最基本的战队需要,其他部门则不设立。很多小型俱乐部的正式成员只有管理层和战队成员,其他如媒体运营等均为外包业务。

4.2.3 俱乐部的商业模式

随着电子竞技产业的兴起,电子竞技俱乐部也大量出现。这些俱乐部的商业模式尽管不完全相同,但是从总体上来说,可以分为如下几个部分。

1. 赞助收入

就像传统的足球俱乐部球衣胸口会有赞助商的品牌展示一样,电子竞技俱乐部的队服上也有类似的展示。在选手们进行对战时,ID 中也会带有赞助商的关键词。这些对品牌的展示和曝光,带来的是赞助商给予的资金支持。例如,WE 俱乐部的赞助商就有百事可乐、技嘉主板、金士顿内存、雷蛇和 KAPPA 等。WE 俱乐部活动赞助宣传画如图 4-12 所示。

图 4-12 WE 俱乐部活动赞助宣传画

2. 电商收入

在传统体育界，粉丝购买喜爱的俱乐部的产品，是表达支持的一种方式，在电竞领域也不例外。一些俱乐部建设了自己的电商网站，销售带有俱乐部标志或者选手签名的周边产品，例如，队服、水杯、游戏外设及电竞椅等。这些周边产品，也会给俱乐部带来一笔可观的收入。图 4-13 是 WE 俱乐部周边产品展示图。

图 4-13 WE 俱乐部周边产品展示图

3. 商业活动收入

一些俱乐部会承接商务活动，例如，请知名选手为品牌站台、拍摄广告或者做代言。一般来说，俱乐部拥有选手的肖像权，因此，这些俱乐部实际上相当于选手的经纪公司。选手在参加商业活动时，俱乐部可以从中抽取佣金。

4. 比赛奖金收入

电竞赛事的奖金已经超过了传统体育项目的奖金（如图 4-14 所示）。电竞俱乐部参加比赛时，如果获得前几名，就会有一笔奖金收入。但是和其他收入来源相比，电竞俱乐部的奖金收入非常少，几乎可以忽略不计。

图 4-14 TI8 赛事总奖金画面

目前来看，国内各大俱乐部很多都在亏损运营，只有极少数资本充裕、战绩出色的俱乐部能够取得一些盈利。电子竞技的热度持续增长，因此，大部分一线俱乐部仍然有足够的动力继续运营。电子竞技也正在逐渐向传统体育的商业模式靠拢，相信当电子竞技生态发展到一定程度之后，应该可以取得更大的收益。

4.2.4 俱乐部联盟体系

1. 欧美和韩国联盟体系

（1）欧美的 ESL 和 WESA 世界电子竞技协会。

在电子竞技的发展过程中，一些从业者希望能够让电子竞技俱乐部、赞助商和观众共赢，这就势必要形成一个统一的规则和体系。

电子竞技联盟（Electronic Sports League，ESL），总部位于德国科隆，是欧洲著名的电子竞技组织（ESL 标志如图 4-15 所示），成立于 1997 年。ESL 旗下有电子竞技爱好者熟知的 Go4 和 IEM 等赛事。

图 4-15　ESL 标志

2016 年 5 月，ESL 宣布正式成立世界电子竞技协会（World Esports Association，WESA）（WESA 标志如图 4-16 所示）。该组织旨在规范全球电竞秩序，Fnatic、Na'Vi 及 Virtus.pro 等知名俱乐部均以创始会员的身份加入。

ESL 在一份声明中表示，通过 WESA 将可以规范化管理职业选手，设置标准的竞赛规则，和各俱乐部共享收益等。其目标是制定一系列针对粉丝、选手及组织的章程，以改善目前较为混乱的全球电竞生态系统。

图 4-16　WESA 标志

（2）韩国的 KeSpa。

KeSpa 是韩国职业电子竞技协会的简称，是一个在韩国建立的管理电子竞技的机构，负责 20 多个电子竞技项目，包括《星际争霸》《星际争霸 2》《刀塔 2》《英雄联盟》等多款游戏（KeSpa 标志如图 4-17 所示）。

图 4-17　KeSpa 标志

随着《星际争霸》在韩国的流行，以及韩国电竞职业化的发展，KeSpa 应运而生。最初 KeSpa 作为监管者来对韩国的职业战队及选手进行管理。随着《星际争霸》电竞化的发展，KeSpa 开始和 OnGameNet 及 MBCTV

两大赛事合作,成立了各自的联赛体系 OSL 和 MSL。职业选手想要参加相关联赛,就必须要先通过测试获得 Programmer 资格,才能获得参加预选赛的资格。同时,KeSpa 还会定期发布旗下职业选手的排名,这是评判职业选手水平的权威排名。

可以说,KeSpa 在《星际争霸》时代,对于韩国星际的发展起到了重要的推动作用。作为一个管理者,KeSpa 通过对赛事良好的运作及对旗下战队选手的优秀的管理,使得韩国电竞的职业化越来越完善,同时,KeSpa 的存在对于韩国星际在世界上长达数十年的统治起到了重要作用。

2. 国内的 ACE 联盟体系

中国早期的电竞俱乐部比较分散,且各自为政,没有一个统一的规则约束,甚至经常发生恶意挖角事件。在这样的背景下,中国也有了自己的电子竞技联盟。中国电子竞技俱乐部联盟(Association of China E-sports,ACE),是由国内众多顶尖俱乐部联合发起组建的类似工会的民间组织(ACE 联盟标志如图 4-18 所示),根据其官方文件《中国职业电竞俱乐部联盟规章制度》描述,其主要职责为:"扶植国内职业电竞俱乐部的经营,能够让所有注册俱乐部稳定的运营及发展,规范俱乐部运营模式及选手个人行为,保障俱乐部和选手权益。"同时,联盟还具有"协助各职业队伍顺利参与赛事"的相关义务。

图 4-18 ACE 联盟标志

ACE联盟有三个主要目的：一、维护赛事中各战队的利益；二、举办一个类似NBA模式的赛事；三、维护选手与俱乐部之间的正常转会。ACE联盟成立至今，举办的赛事口碑不一，选手转会虽然有了规章制度，但拖欠奖金的情况却时有发生，战队间转会问题也饱受玩家质疑。

在成立之初，ACE希望学习韩国KeSpa的经验，通过监管职业战队和选手，整合打造电竞产业秩序，提升整个行业的商业价值。但是，近几年来，电竞产业突飞猛进，环境的变化让ACE制定的规则很快过时。但是，ACE的出现仍然有积极意义，它让中国电子竞技产业看到了一个新的可能性，为日后的联盟化发展奠定了基础。

4.3 游戏厂商

4.3.1 游戏研发商

1. 游戏研发商的概念

在电竞产业的上游，游戏开发商始终处于核心位置。所谓"巧妇难为无米之炊"，有了电子竞技游戏，才会有电子竞技产业。游戏生产商最初的功能定位就是提供给广大玩家"可用好玩"的游戏，因而是电子竞技产业的源头，也是整个产业链条的"发起人"。

游戏开发的流程实际上是游戏生产商制作游戏的过程。游戏生产商或游戏制作公司，按照一套创作理念构思开发一款游戏，确定游戏规则，选择视觉艺术、声效、编剧，设置游戏角色、场景、界面，编写程序代码，继而实现游戏的产品化。这就是一款游戏制作的完整过程。我们要知道，游戏生产商的成功与否直接与是否拥有优秀的游戏作品相关，一部经典的优秀作品就可以代表一个游戏生产商，而优秀的游戏生产商也是游戏作品的水准保证。

目前,在中国电子竞技市场上赛事使用频繁、影响广泛的电竞类游戏主要来自于国外游戏厂商,本土的游戏厂商的角色多为"代理运营"。即使一些电竞赛事中已有一些国产电竞游戏亮相,但是其大赛使用次数、受众参与人数、游戏影响力等目前均不足以与国外游戏抗衡。

电子竞技的比赛和游戏开发商之间有着密切的关系。知名游戏开发商如暴雪公司和拳头公司等,会自行创办比赛,并且在合适的时候将比赛发展成职业体育联盟。这些电子竞技联盟也是这些游戏公司收入来源的一部分。另外,随着电子竞技赛事越来越受关注,游戏开发商将会针对电子竞技比赛对游戏进行改造,并且根据不同的规则开发出不同的游戏模式。

2. 国外知名研发商

国外游戏开发商主要以暴雪娱乐公司和拳头公司为代表,这两家游戏开发商开发了游戏行业诸多的优秀之作。

(1) 暴雪娱乐。

1991年,暴雪娱乐公司的前身Silicon & Synapse在美国成立。这家公司的创始人是三位加州大学洛杉矶分校的学生。1994年,公司正式更名为Blizzard,中文译为暴雪。暴雪娱乐的主业是制作和发行游戏。很多人们耳熟能详的作品都出自暴雪之手,其中包括《魔兽争霸》、《星际争霸》、《暗黑破坏神》、《守望先锋》、《炉石传说》和《魔兽世界》等。多款游戏被各大电子竞技赛事选为比赛项目。在业界,暴雪就是高品质的代名词。

1994年,暴雪娱乐推出了《魔兽争霸》,迅速占领市场。暴雪趁热打铁，只花费了30万美元，用了10个月时间就推出了《魔兽争霸》续集，这也成为了暴雪第一部突破百万销量的知名游戏品牌，被《PC Game》杂志评为当年最佳多人联机游戏。此后，暴雪调整了战略，只开发第一流的权威游戏，走上了品牌战略之路。另外，在1997年暴雪专设了在线服务器"战网"。1999年，暴雪第一次在"战网"举办大赛，提供了2万美元的现金和奖品，全球玩家竞相参与，掀起了一场前所未有的网络游戏大战。网络游戏大战的全面铺开，推动了电子竞技的发展。

（2）拳头公司。

Riot Games是一家美国电子游戏开发商和发行商，也被称为拳头公司，或拳头社，或R社，在台湾的注册商号为"锐玩游戏"。公司在2006年成立，总部位于美国加利福尼亚州圣莫尼卡，在柏林、都柏林、香港、伊斯坦布尔、墨西哥市、莫斯科、纽约市、圣路易斯、首尔、上海、新加坡、雪梨、台北、东京等地设有分部。

2009年10月，Riot Games发布了著名作品《英雄联盟》，直至2013年，该款游戏已有将近3千万的日活跃玩家。Riot Games公司的其他作品还有手机游戏《英雄联盟普罗快跑》和网页游戏《科加斯吃掉世界》等。

2015年12月17日，腾讯公司收购Riot Games全部股权，Riot Games因此成为腾讯旗下的子公司。

（3）维尔福公司。

维尔福公司位于美国华盛顿州，是一家专门制作自由游戏的软件公司。1998年11月，维尔福推出了首部作品《半条命》，产生了良好的市场反应。维尔福再接再厉，推出了《半条命2》，获得了巨大成功。维尔福旗下的著名游戏还包括《反恐精英》和《胜利之日》等。其中，《反恐精英》从推出以来就成为各大综合性电竞赛事的主流游戏项目。

2002 年,维尔福又推出了 Steam 平台。该平台是目前全球最大的数字发行平台之一,玩家可以在平台上购买和下载游戏,还能在线参与讨论。

3. 国内知名研发商

国内的知名游戏研发商有腾讯游戏、盛大游戏、网易游戏、完美时空、搜狐畅游、金山西山居等,虽然不像暴雪等公司一样享誉全球,但它们作为国内游戏开发商的代表,对国内的电子竞技发展有着强大的推动作用。

(1) 腾讯。

腾讯游戏是腾讯四大网络平台之一,是国内最大的网络游戏社区。在开放性的发展模式下,腾讯游戏采取自主研发、代理合作、联合运营三者结合的方式,已经在网络游戏的多个细分市场领域形成了专业化布局并取得了良好的市场业绩。

腾讯游戏成功代理了《英雄联盟》和《穿越火线》,并自主研发《王者荣耀》。2016 年 11 月,《王者荣耀》荣登 2016 中国泛娱乐指数盛典"中国 IP 价值榜—游戏榜 top10"。《王者荣耀》的欧美版本《Arena Of Valor》于 2018 年在任天堂 Switch 平台发售。

(2) 网易。

网易游戏事业部成立于 2001 年,至今已近 20 年。经过多年的发展,网易游戏目前已经成为国内领先的游戏研发公司,并成功跻身世界七大游戏公司的行列。

网易游戏具有强大的研发实力,成功开发出了中国第一款大型多人在线游戏——《大话西游》。网易旗下的《梦幻西游》注册用户数高达 2.5 亿,最高同时在线人数达 271 万人。

近年来，随着移动互联网的发展，网易又加大了手机游戏的开发力度，《阴阳师》成为了 2016 年最流行的手机游戏之一。如今，网易拥有多个知名游戏品牌，其中包括《天下 3》《大唐无双零》《武魂 2》《倩女幽魂 2》等。

（3）西山居。

1995 年，金山软件公司西山居工作室在珠海诞生。西山居是我国第一个游戏研发工作室，并于成立次年推出了中国第一款商业游戏——《中关村启示录》，这是中国游戏自主研发的开端。

从成立至今，西山居始终保持着创新精神并拥有着强大的研发实力，推出了一系列脍炙人口的经典游戏，在国内游戏研发商中，西山居有巨大的影响力。

4.3.2 游戏运营商

1. 运营商的概念

网络游戏运营商指通过自主开发或取得其他游戏开发商的代理权运营网络游戏，以出售游戏时间、游戏道具或相关服务为玩家提供增值服务和放置游戏内置广告，从而获得收入的网络公司。

与游戏开发商一样，游戏运营商也处于电竞产业上游的核心位置。如果说游戏开发商是游戏的生产者、制造者，那么游戏运营商就是游戏的维护者、运营者。需要注意的是，有些游戏运营商本身就是游戏研发商。例如，腾讯公司开发出了《王者荣耀》，并在腾讯游戏平台上运营。而有些游戏运营商和游戏研发商是彼此独立的。例如，《刀塔 2》研发商是维尔福公司，国内运营商则为完美世界公司。

2. 盈利模式

游戏运营商从游戏研发商处得到游戏的代理权,并在国内进行宣传和运营。主要的盈利模式在于植入广告、会员收入、点卡收入及游戏周边产品收入等。

植入广告要根据游戏自身的特点量身定做,符合游戏的设定和背景。这类广告和游戏的结合非常紧密,通常会体现在游戏道具或者游戏场景中,还有些以完成指定任务的形式出现。

会员收入是指注册成为游戏的会员,享受额外的增值服务,并为此缴纳一定数额的会员费。

点卡收入是指售卖游戏点卡。点卡通常分为两种:一种是购买游戏中的点数,然后换算成相应的游戏时间;另一种是包时卡,在一个时间段内可以随意进行游戏,不受限制。前者能够带来更高的利润,但是由于成本过高,会造成用户的流失。后者虽然利润较低,但是能带来更大的用户黏性,从而保证运营商能够得到稳定的收入。

游戏运营商们通常还会针对游戏开发出各种周边产品,包括外设、饰品和服装等。这些周边产品因为需要授权,所以通常具有唯一性。游戏的忠实玩家对周边产品往往具有很高的购买热情,因此,周边产品的销售能够带来一笔不菲的收入。同时,周边产品还能加深玩家与游戏之间的情感联系,令玩家对游戏更感兴趣,从而进一步吸引玩家消费。

一家好的游戏运营商,不应该仅仅体现在盈利能力上,更应该体现在对游戏平衡性的把握和对玩家负责的态度上。一款优秀的电子游戏,不仅仅需要游戏开发商的精心制作,也需要游戏运营商的良心运营。

3. 国内知名游戏运营商

目前国内知名游戏运营商主要有：网易、腾讯、盛大、绿岸、完美、九城、久游、巨人、搜狐和金山。游戏开发商和游戏运营商可以是同一家公司，比如说网易游戏，既是游戏的开发者，也是游戏的运营者。

（1）腾讯。

腾讯游戏不但在自主研发领域走出了自己的道路。近年来，在代理和运营游戏方面也取得了不俗的成绩。目前腾讯运营的游戏主要有《英雄联盟》《穿越火线》《神之浩劫》等电子竞技类游戏，在运营方面的能力可以说无出其右。

（2）网易。

网易游戏是国内最主要的游戏制作公司和运营公司之一，主要运营项目为多角色扮演网络游戏（MMORPG）。网易游戏开发的《大话西游》《梦幻西游》系列游戏，都成为了一代人的共同记忆。目前，网易运营的游戏有《魔兽世界》等，和腾讯同为运营能力第一梯队的厂商之一。

（3）盛大。

盛大游戏是我国最早引进国外游戏运营的公司之一，拥有丰富的产品线，其代理的《传奇》影响了整整一代人。目前，盛大游戏主要在移动端游戏和休闲游戏上发力，满足广大玩家的娱乐需求。

（4）完美世界。

完美世界是中国最早在海外运营的游戏公司，多年来致力于将中国游戏出口海外，用户遍布全球100多个国家。完美世界在国外开设了子公司，为全球的互联网用户提供服务，是中国文化在海外的展示窗口。

在国内，完美世界代理了《刀塔 2》《反恐精英：全球攻势》《创世战车》等知名游戏，为中国玩家带来了世界顶级的游戏。从 2016 年开始，完美世界担任《刀塔 2》亚洲邀请赛的主办方，至今已经连续举办了三届比赛，获得了外界的一致好评。完美世界依靠自身的专业水平，有力地推动了中国电竞事业的发展。

4.4　媒体

4.4.1　传统媒体

1. 报刊杂志

（1）《电子竞技》杂志介绍。

在传统的纸媒领域中，几乎没有专做电子竞技内容的报刊杂志，国内专业的电子竞技纸媒只有《电子竞技》杂志一家（杂志封面如图 4-19 所示）。

图 4-19　《电子竞技》杂志封面

《电子竞技》杂志隶属于中国科学技术协会，是《大众电脑》杂志旗下的一本全新期刊，它是国内由国家新闻出版总署正式批准的第一本电子竞技期刊，也是目前国内唯一一本中央级专业杂志。

《电子竞技》杂志以信息产业、游戏产业、电子竞技产业为平台，以新闻、评论为导向，凭借对国内外电子竞技市场独到的见解和认识，第一时间对产业界重大新闻进行深度调查和独家分析。《电子竞技》杂志结合电子竞技在中国的特点，引入更多富有中国特色的竞技元素，全面、及时地提供行业信息，形成高效、便捷的平媒工具，建立多元化的电子竞技空间，对国内电子竞技平面媒体的空白加以弥补和完善，为IT、金融、快速消费品等游戏产业相关厂商及数以千万计的电子竞技爱好者提供服务。

《电子竞技》杂志在内容上集可读性、权威性、娱乐性为一体，在形式上以平面媒体为主体，辅以网络媒体、光盘媒体，建立多元化的媒体平台，以弘扬竞技精神，传播电竞文化，倡导健康游戏，推动电子竞技运动在中国的普及和发展为己任，通过专业的、正式的平面媒体的加入，使更多的读者了解电子竞技。

（2）报刊杂志的衰落。

目前，电子竞技与互联网产业的关系密切，电竞媒体更多地向互联网领域谋求生存。受互联网媒体冲击的影响，国内的传统媒体已经很难生存下去，于是纷纷尝试向新媒体方向转型，就连《电子竞技》杂志也包括在内。虽然《电子竞技》杂志有着高品质的内容，但毕竟纸媒无法及时传递信息，难以在即时性上具备竞争力。因此，为了拥有更广阔的生存空间，《电子竞技》杂志也开始了对微信、微博、App等新媒体形式的探索。

2. 电视报道与电视节目

（1）《电子竞技世界》。

2003 年，中央电视台体育频道推出了一档针对电子游戏的新节目——《电子竞技世界》，由段暄担任节目主持人。

《电子竞技世界》于 2003 年 4 月 4 日首播，共包含六个板块，其中，"电玩制高点"板块主要介绍新的电玩游戏、有影响的游戏制作公司、与电玩有关的各类软硬件产品、业内发展的新动态；"抢滩登陆"板块的主要内容为体育竞技类游戏，以及与游戏相关的产品的前瞻和评价；"少数派报告"板块的主要内容为业内焦点的专业述评；"游戏先锋"板块主要介绍业内精英的介入方式和思想见地；"竞技场"板块的主要内容为体育类电子竞技项目的国内外赛事报道及转播；"以 E 当实"板块的主要内容为寻找虚拟电子世界与真实体育世界的结合点，展现全新的多媒体创作空间。

《电子竞技世界》一经播出就吸引了众多玩家群体的关注。在今天看来，这档节目仍不失为了解游戏及电竞发展历程的重要窗口。

2004 年 6 月 4 日，广电总局下发《关于禁止播出电脑网络游戏类节目的通知》，《电子竞技世界》被迫停播。

（2）央视其他电竞节目。

2008 年，电子竞技被国家体育总局重新定义为第 78 号体育运动，CCTV10 的《百科探秘》栏目专门制作了一期节目来介绍电子竞技，名为《78 号运动》（图 4-20 为《78 号运动》节目截图）。节目报道了 2008 年 CEG 全国电子竞技运动会的现场，并且采访了国家体育总局负责电子竞技的领导，解释电子竞技为什么属于体育项目。

图 4-20 《78 号运动》节目截图

为了让观众理解游戏中的一些专业词汇，节目中使用了很多有趣的说法进行解释。例如，把《魔兽争霸》中的"英雄"解释为："游戏中双方拥有的进攻主帅或者大将，它可能是一个眼镜蛇，一个狮子或者是一个熊猫，这些英雄有可能变幻出各种进攻的招数。"了解游戏的人或许会觉得这样的解释很可笑，但普通观众却能由此走进游戏和电竞的世界。

2008 年，受全球金融危机的影响，电竞产业的发展也进入了停滞期。直到 2011 年，电竞行业终于重整旗鼓，再次呈现繁荣景象，CCTV5《体育人间》节目组以电子竞技为主题，制作了一次特别节目，主要介绍当时流行的《刀塔》和《反恐精英》等游戏。由于对电竞缺乏了解和研究，节目中出现了很多常识性错误，但这并不影响节目向观众展现电子竞技积极、热血的一面，让观众感受到电子竞技所包含的体育精神。

节目还对电子竞技做出了正面的评价："寻求刺激几乎是现代社会每个年轻人都为之向往的，但通常都会很难实现，然而科技的进步，使如今的年轻人可以轻而易举地找到这种感觉，那就是在电子游戏的世界里重塑自我，开辟自己的另一片天地。"

"电子游戏这种高科技时代的产物，它可以让你成为足球场上的梅西，成为篮球场上的乔丹，成为赛车场上的舒马赫，成为反恐部队里的英雄，成为指挥部队赢得战争的统帅，完成你所有在现实生活中无法完成的梦想。但当你起身回到现实世界的时候，你会发现这一切光荣与梦想的实现，依然是基于你在现实世界里的努力和付出。"

此后的几年间，随着电竞产业的不断发展，中央电视台陆续做了很多关于电子竞技的报道和专题节目。2013 年，CCTV5 的《体育人间》栏目以"专业选手们的游戏人生"为主题，报道了国内 CF 职业联赛（穿越火线职业联盟电视联赛，简称 CFPL）和白鲨等选手的现状。2014 年，《体育人间》又推出了关于电竞游戏《英雄联盟》的特别节目，主题为"《英雄联盟》S3 世界总决赛"，节目对《英雄联盟》职业赛场进行了报道，讲述了电竞人的亲身经历，以及中国电竞行业的发展。

2016 年，WINGS 战队获得了《刀塔 2》国际邀请赛 TI6 的冠军，CCTV2 对这一事件进行了将近 10 分钟的报道，题目为《市值 500 亿，"玩"出来的大行业》（节目截图如图 4-21 所示）。由于 CCTV2 是财经频道，因此，这次报道不再仅仅以选手和俱乐部为采访对象，而是从经济的角度对电竞进行解读，采访了电竞直播平台负责人、投资人等，这充分说明电子竞技已经成为了一个具有一定规模的产业了。

图 4-21 《市值 500 亿，"玩"出来的大行业》节目截图

3. 网络数字电视

2004 年，广电总局发布了禁播令，对公共频道的电子竞技类节目关上了大门，但仍然留下了一扇新的窗户——网络数字电视，其付费订阅的性质更容易使监护人对未成年人加以管理，从而防止沉溺电子游戏等负面影响。

在网络数字电视上，最著名的两个电竞频道便是游戏风云和 GTV。

（1）游戏风云。

游戏风云频道（标志如图 4-22 所示）隶属于 SiTV（上海文广互动电视有限公司），于 2004 年成立，当年 12 月开始试播，属于游戏类付费电视频道。频道以"弘扬健康游戏文化，服务广大游戏受众"为理念，频道给观众的口号是"游我所爱，任我风云"。频道服务于游戏玩家，定位于有线网络、IPTV 及互联网，依托高技术的传播手段，以优秀、高质量的游戏资讯、赛事及娱乐视听内容为产品，搭建一流的综合类新兴媒体平台，打造中国游戏电视第一品牌。

图 4-22 "游戏风云"频道标志

频道以 12~30 岁对电子游戏感兴趣的电视观众为主，力争全覆盖一切热爱电子竞技的广大受众。频道志在引领电子游戏潮流，关注世界电子游戏产业的最新动态及各种网络平台的游戏资讯，为广大游戏爱好者提供丰富多彩的高水平的电子竞技赛事节目。频道严格贯彻中央关于进一步加强未成年人健康成长的精神要求，对节目内容进行严格筛选。在积极开展频道品牌化运作的同时，努力开展业界精英游戏排行榜单的评选、游戏展等多项延伸活动，展示中国游戏企业形象，推动游戏产业健康有序发展。

（2）GTV。

GTV 是英文 Game TV 的缩写，意为"游戏电视"（GTV 频道标志如图 4-23 所示），它创立于 2003 年，总部设在北京。GTV 是辽宁电视台全资子公司辽宁北斗星空数字电视传媒有限责任公司旗下游戏电视业务的总称，它由三个数字电视频道和一个网站组成，即：GTV 游戏竞技频道、GTV 电子体育频道、GTV 网络棋牌频道和 GTV 游戏视频网。其中，GTV 游戏视频网转到北京合资公司北京北斗星空文化传播有限公司运营，而 GTV 游戏竞技频道通过中央数字电视传媒（CDM）向全国播放。

图 4-23　GTV 频道标志

GTV 游戏竞技频道是一个游戏产业的大众媒体，它服务于游戏爱好者，内容包括网络游戏、电视游戏、PC 单机游戏和电子竞技等，是全国所有数字电视频道中的佼佼者。GTV 电子体育频道面向专业受众,全年对电子竞技赛事进行直播,聚焦于中国电子竞技产业。GTV 网络棋牌频道面向棋牌玩家,对棋牌类游戏进行直播和转播。GTV 游戏电视覆盖全国 1 800 万专业人群。

GTV 游戏竞技频道与 GTV 电子体育频道、GTV 网络棋牌频道分别于 2003 年 11 月、2005 年 11 月、2005 年 11 月正式开播,通过卫星向全国进行全天候 24 小时不间断播放。

GTV 游戏电视业务是北斗传媒的一项重要的主营业务,经过几年的发展,它已经成为中国游戏产业著名的品牌,在网络游戏产业,PC 单机游戏产业和电子竞技等领域都具有较高的认知度,居于全国的领跑地位。随着中国数字电视整体平移的继续推进,GTV 游戏电视的影响力也将得到进一步的加强。同时,GTV 还实现了跨媒体的整合,其游戏媒体的聚合力和影响力都在逐步扩大。

4.4.2 网络媒体

1. 门户网站与游戏论坛

电子竞技爱好者要了解行业最新动态,除了通过传统媒介,还可以通过门户网站和游戏论坛。

(1) 门户网站。

门户网站,是指通向某类综合性互联网信息资源,并提供有关信息服务的应用系统。门户网站最初只具有搜索引擎和目录服务的功能,如今的门户网站则更加全面。游戏门户网站,顾名思义,就是提供游戏信息服务的系统。

知名电子竞技类门户网站的代表如下。

捞月狗

捞月狗（标志如图 4-24 所示）是全球最大的游戏玩家搜索引擎，成立于 2012 年，创始人为资深魔兽玩家痞子狼。捞月狗属于电子竞技的专业信息网站，能够提供超过 4 000 万玩家的信息，并能帮助用户实现的社交需求。同时，捞月狗为海外用户提供了软件服务，吸引了众多外国玩家。因此可以说，捞月狗是目前最大的玩家社区。

图 4-24 捞月狗标志

在电子竞技领域，捞月狗和全球知名赛事进行合作，合力打通线上和线下，为玩家提供更多特色服务，打造了全球玩家生态圈。凭借独到的理念和优势，捞月狗自成立以来获得了多轮投资，目前估值已经超过 1 亿美元，是电子竞技门户网站中的佼佼者。

玩加电竞

玩加电竞（标志如图 4-25 所示）是一家专注电竞数据、文化、商业与创新的电竞新锐平台。通过数据挖掘赛事、战队、选手的商业价值，并衍生出一些具有号召力的品牌。玩加电竞对全球电子竞技赛事进行直播，包括《英雄联盟》《反恐精英：全球攻势》和《刀塔 2》等备受欢迎的电竞比赛项目。用户可以在网站上查看各大赛事的举办时间，预约观看比赛。同时，玩加电竞还提供专业的比赛资讯。网站有一批驻外记者团队，能够第一时间赶赴现场，播报全球范围内电子竞技行业的快讯。

图 4-25　玩加电竞标志

玩加电竞拥有庞大的赛事数据库，能够对赛事进行细致精准的数据分析。每天网站都会筛选出 5 个最值得推荐的视频，为玩家节省时间，只看精品，迅速了解全球赛事风云变幻。

玩加电竞作为一家电子竞技门户网站，具有很高的社会价值。首先，通过对全球赛事的直播和转播，为用户提供了第一手资讯，满足了用户的精神需求。其次，用大量数据进行分析，为玩家提供帮助和指导，有助于提升电子竞技行业的整体水平。再次，通过记录选手的积分和排名，彰显职业选手的实力。最后，反映选手和赛事的商业价值，推动电子竞技产业向前发展。

（2）游戏论坛。

游戏论坛是玩家们聚集在一起，分享游戏心得和交流游戏攻略的网上社区。

知名游戏论坛代表如下。

艾泽拉斯国家地理

艾泽拉斯国家地理（如图 4-26 所示），简称 NGA，是《魔兽世界》游戏的非官方论坛。《魔兽世界》在中国有众多拥趸，因此有很多相关网站。但是艾泽拉斯国家地理是这些网站中唯一一个通过了暴雪专题网站计划（Blizzard Fansite Program）官方认证的中文站点。

图 4-26 艾泽拉斯国家地理标志

早在 2002 年，艾泽拉斯国家地理就开始搭建，中间经历过数次改版。到了 2002 年 5 月，艾泽拉斯国家地理正式开始运营，并设立了论坛版块。在全球网站搜索排行网站 ALEXA 上，艾泽拉斯国家地理的最高排名为 999 名。大多数用户在这个网站上浏览关于《魔兽世界》的资讯，并进行相关讨论。

《魔兽世界》自面世以来，就受到了全世界魔兽玩家的关注，其中自然也包括中国玩家。除了一些有条件的玩家能够直接登录《魔兽世界》的官方网站获取信息之外，其他玩家只能在艾泽拉斯国家地理上了解《魔兽世界》的各种进展。

因为《魔兽世界》的官方中文网站迟迟没有上线，因此艾泽拉斯国家地理成为中国大陆玩家了解这款游戏最权威的途径。艾泽拉斯国家地理随时关注《魔兽世界》和暴雪的最新消息，并在第一时间翻译成中文，供广大用户查阅。网站论坛中有很多关于游戏内职业的讨论，包括很多信息量巨大的进化贴，为新玩家提供了指导。

在网站的巅峰时期，最高同时在线人数达到 54 011 人。每周有超过 1 万个新注册用户。截止到 2014 年 7 月，网站注册会员达到 2 000 万人，日均点击量 500 次。

"艾泽拉斯国家地理"始终坚持原创，拒绝灌水和无授权转载。在这样严格的管理制度下，网站论坛发帖质量非常高，甚至吸引了不少国外玩家来到论坛参与讨论。这进一步提高了"艾泽拉斯国家地理"的专业性，使其《魔兽世界》国内第一网站的地位得以巩固。

IGN

IGN（Imagine Games Network）是一间多媒体和评论网站（标志如图 4-27 所示），主要对象为视频游戏，现已发展成为全球规模最大的游戏娱乐媒体。母公司是 IGN Entertainment。IGN 的主网站包含数个特别网页或"频道"，每一个都在 IGN 有分区。

图 4-27　IGN 标志

IGN 于 1996 年 9 月创立，最初以 5 个独立网站开始运作：IGN64.com、PSXPower、Saturnworld、Next-Generation.com、Ultra Game Players Online。1998 年，网络联合这些独立网页发展了 IGN 旗下的系统频道。2005 年 6 月，IGN 声称每个月有 2 300 万人来访网站，其中 5 万是已注册用户。根据 Alexa 数据显示，IGN 成为 200 个访问人次最多的网站之一，IGN 讨论区则是最活跃网络论坛。

2017 年 2 月，IGN 上线了针对中国大陆的 IGN 中国版，由北京岸基恩娱乐科技有限公司负责运营。这是 IGN 继 IGN 东南亚（IGN SEA）之后再次推出的中文服务。

2. 直播平台

网络直播是一种崭新的社交媒体，为用户提供了一种新兴的网络社交方式，与文字、图片和视频相比，网络直播互动成为了一种更有力的传播途径，让内容生产者与用户直接接触，为生产和消费提供了全新的连接方式。

（1）Twitch。

2011年6月，Justin Kan 和 Emmett Shear 在旧金山联合创立了面向视频游戏的实时流媒体视频平台 Twitch（如图 4-28 所示）。

图 4-28　Twitch 标志

Twitch.TV 原本是一家视频流媒体网站旗下的游戏频道，另外还有新闻、娱乐、体育等传统模块与之并列。随着更多游戏玩家的参与，游戏频道备受欢迎。这样，运营了4年的游戏频道于2011年6月从Justin.TV中分离出来，晋升为独立的游戏视频平台，也就是 Twitch.TV。

2011年7月，Twitch 在不到一个月的时间内，通过"合作伙伴项目"招募了近万名游戏玩家，他们通过各个游戏频道对自己的游戏画面进行直播，"游戏主播"成了他们时尚的标签。

各个频道都拥有众多的观众。由于观众的需求不同,风格各异的热门主播应运而生,也就是第一批由直播平台演化出的游戏"网红"。一般来说,演技高超的主播会向观众展示游戏技巧,表演精彩纷呈;富有经验和独到见解的玩家会对新发布的游戏和电竞赛事进行点评解说。那些在直播中演艺出众并且妙语连珠的主播,最能迎合观众的心理需求,而直播的魅力就在这里,这很像现实游戏中争抢游戏手柄的朋友,虽然技术不佳,却能给人带来快乐。

在经过 Twitch 认证后,游戏主播在收入上主要有两个来源。其一是开启付费订阅模式,每个月向观众收取 5 美元的费用,还有就是根据直播量与 Twitch 进行分成。对于用户来说,如果不想看广告,就需要每月付费 9 美元,这样就成为了 Twitch 的会员,享有直播互动的专属特权。

这个平台对于任何人都非常适合,它对免费用户非常友好。对于主播来说,借助分成的形式,就得到了收入的保障。特别值得注意的是,游戏和电竞是这里的唯一的主题,类似社区的氛围帮助 Twitch 建立了一套独特的口碑优势。2012 年 4 月,Twitch 和美国哥伦比亚广播集团旗下的互动媒体公司 CBSi 达成战略合作,后者创建的 GameSpot.com 是世界范围内影响力较大的专业游戏资讯站点。

2014 年,亚马逊以 9.7 亿美元的价格收购了 Twitch。被收购后,Twitch 的月访问者数量增长近一倍,入驻平台的主播数量也大幅增长。目前,其月访问量已经达到了 1 亿人次,主播数量达到 170 万人。

(2) 斗鱼 TV。

斗鱼 TV(如图 4-29 所示)的前身为 ACFUN 生放送直播,2014 年 1 月 1 日开始正式更名为斗鱼 TV。斗鱼 TV 是一家弹幕式直播分享网站,为用户提供视频直播和赛事直播服务。

图 4-29　斗鱼 TV 标志

2017 年，斗鱼成为国内第一家率先进入 D 轮融资的网络直播平台。2018 年 1 月，斗鱼 TV 获得 2017 科技风云榜"年度最具潜力创业企业奖"。

据第三方权威网站 Alexa 数据统计，截至目前，斗鱼 TV 已经进入全球网站前 300 名、全国前 30 名，浏览量位居国内视频类网站前十名，游戏直播平台第一名。2016 年，斗鱼 TV 晚间高峰时段的访问人数已经接近淘宝网站的 80%，有超过 5 000 位主播同时在线开播。据第三方平台数据显示，2016 年，斗鱼 TV 日活跃用户达 1 200 万人，月活跃用户数量为 1.3 亿～1.5 亿人。2017 年，斗鱼直播累计注册用户 2 亿人，平均每天有 9 万～10 万主播开播，晚间高峰时段有 2 万左右主播同时在线开播。

（3）熊猫 TV。

熊猫 TV（如图 4-30 所示）成立于 2015 年，由王思聪投资创立。熊猫 TV 吸引了很多退役职业电竞选手担当主播，出品的游戏直播节目质量很高，因此很快就成为了直播界的佼佼者。目前，熊猫 TV 一方面在游戏直播板块继续保持领先，另一方面也开始了泛娱乐化的探索。因为熊猫 TV 背后有王思聪的资本和人脉支持，因此具有良好的发展前景。

熊猫 TV 和各大赛事进行了全面合作。用户可以实时观看手游比赛直播，一方面为赛事做了推广，另一方面也为网站带来了更多流量。

图 4-30　熊猫 TV 标志

4.4.3　自媒体

游戏类图文自媒体可大体分为 4 类：资讯、攻略、游戏推荐、杂谈（轻度到深度）。自媒体作者可以选择自己擅长的类型，此处不多赘述。在平台方面，按照常理，不同类型的自媒体应该选择适合自己的平台，但在当今流量紧缺的形式下，不少自媒体人已经做到全平台发布，一次生产，多次分发，传播效用最大化。

1. 自媒体类型介绍

（1）解说攻略。

解说攻略最早来源于电子游戏的官方攻略书，主要用于教导玩家如何更好地玩一款游戏。在电子竞技领域，解说攻略最早是通过图片和文字的方式连载在报刊杂志或者游戏论坛上。后来，视频网站的出现给解说攻略提供了新的载体，视频能比图文更加直观地展现各种各样的操作形式。而视频作者通过自身对于游戏的一定理解，以视频的形式科普教导玩家如何操作、提升技术等。一般在视频网站中搜索该游戏名称及你想了解的关键字即可，如《英雄联盟》盖伦玩法攻略。在直播还没有兴起的年代，早一批的著名视频作者有《刀塔》的 2009、海涛、冷冷和《英雄联盟》

的小苍、若风、JY 等。LOL 官方网站解说攻略列表如图 4-31 所示。

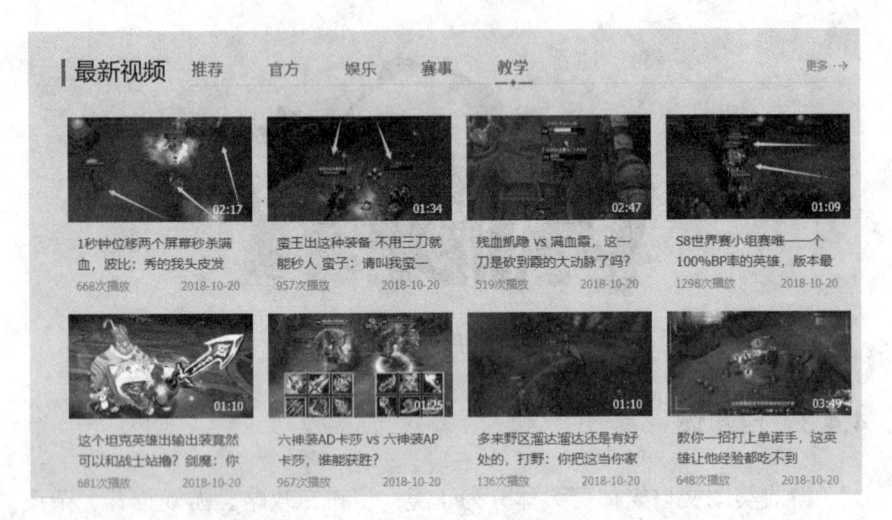

图 4-31　LOL 官方网站解说攻略列表

图文类型的攻略也因 GIF 动态图片的普及，能够在文章中更好地表达清楚游戏中的操作情况，故这种形式现今在各攻略作者手中也得到了更好的发展。

（2）游戏集锦。

游戏集锦主要分为两种类型：一种类似于足球十佳球这种精彩操作类型的集锦，主要内容为视频作者向玩家征集精彩操作的视频投稿，由视频作者进行筛选，做成精彩集锦合集，著名的节目有《刀塔 2》top 10 和《英雄联盟》top 10。

另一种为《天下足球：疯狂的足球》类似的记录搞笑瞬间的集锦视频，内容主要为游戏当中的巧合和小概率事件产生的笑点，是游戏玩家在游戏之余的一种娱乐，著名的节目有《英雄联盟》的《青铜修炼手册》和《主播真会玩》（图 4-32 是《主播真会玩》节目截图）。

图 4-32 《主播真会玩》节目截图

（3）即时资讯。

由于电子竞技比赛的兴起，更多的比赛情况、比分信息、选手情况、俱乐部等信息瞬息万变，电子竞技也越来越向传统体育靠拢，很多体育新闻也增加了电竞板块，电子竞技的资讯类报道也越来越多。目前的即时资讯报道包括电竞比赛类、游戏更新类、俱乐部信息类和选手情况类等。

2. 自媒体平台介绍

（1）微博。

微博是一种允许用户即时更新简短文本（通常少于 140 字），并可以公开发布的微型博客形式。它允许任何人阅读或者只能由用户选择的部分受众阅读。随着发展，这些消息可以被很多方式发送，一些微博也可以发布多媒体，如图片或影音剪辑和出版。

微博主要以短小精悍的微博内容为主，这样的形式无须长篇大论，门槛也相对较低。微博的信息共享也非常便捷、快速，可以通过各种链接网络平台,在任何时间、地点实时地发布信息,其信息发布速度大大超过了传统媒体网络。

(2)微信。

微信公众平台是一种一对多的媒体发布平台。微信平台上发布的信息可以直接推送到受众的手机上,受众阅读时不受时间、地点的限制,是移动互联网平台上一种普及率、到达率高的新闻传播方式。

微信公众号和其他自媒体平台最本质的区别在于它的封闭性,没有粉丝就没有阅读量,自媒体人需要在前期做宣传推广工作。但是,封闭性的另一面就是稳定性,微信公众号的粉丝黏度很强,可以大胆地猜测微信公众号的市场份额将在相当长一段时间内仍然占据主导地位。

(3)视频网站。

视频网站是指在完善的技术平台支持下,让互联网用户在线流畅发布、浏览和分享视频作品的网络媒体。

由于电子竞技形式的因素,基本上是动态的,所以视频网站是目前电竞的主流自媒体形式,视频网站有门槛低、传播广、可转载等特点,而且当玩家认可你的视频作品质量后,黏着度相当高,更多的是等着视频作者的更新视频资源。

4.5 衍生产品

4.5.1 电竞设备

电子竞技是一项相当依靠电子技术和电子设备的运动项目,不管是在日常训练还是在正式比赛中,各类电竞设备都是不可或缺的。电竞键盘带来更好的手感和更精确的操作，专业的电竞鼠标具有更强的移动定位功能，游戏专用耳机可以帮助选手更好地听声辩位，最新的显卡可以展示更清晰的画面等，这些都是可以对游戏局面带来影响的电子设备。

1. 电竞外设

中国的在线游戏玩家有 4 亿之多，其中，专业电子竞技设备用户高达 3 500 万人。得益于基数如此庞大的用户群体，以及商家与顶级职业电子竞技选手的合作创新与产品开发，电子竞技设备商开始在整个电子设备市场中稳步扩张，产品销售范围覆盖 80 多个国家。包括耳机、鼠标垫、鼠标、键盘等在内的外设配件，给人们留下了质感好、观感好的印象。图 4-33 是 ROG 电竞外设发布会现场照片。

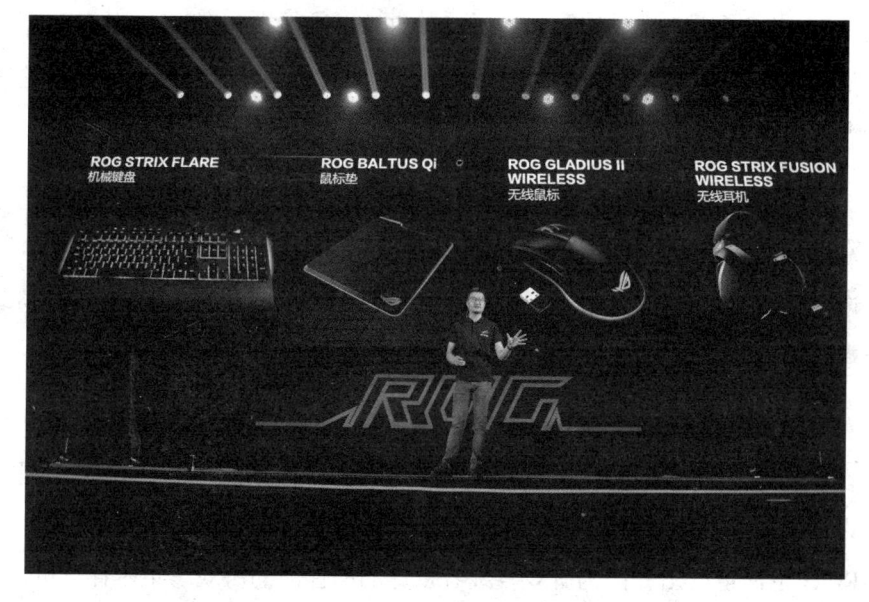

图 4-33　ROG 电竞外设发布会现场

在当前电子竞技设备市场上，主打高质量设备的游戏外设品牌不在少数。近年来，随着科技的发展，电子设备品牌商的产品线也越来越丰富：高端游戏外设、Nabu 智能手环、VR 眼镜、可穿戴设备……。各大品牌商都力图用最前沿的科学技术和最舒适的电子竞技设备为其核心目标用户——电竞玩家——带来全新的游戏体验。

电子竞技玩家要想获得胜利，不但需要稳定的技术实力，强力的专业设备同样不可或缺。尤其是专业的电竞玩家，他们十分强调 APM（Actions Per Minute，每分钟操作次数），优秀的电子竞技设备可以给玩家带来相当大的优势。在电子竞技火热的今天，庞大的市场需求促进了配套的电子竞技设备的生产和研发。

2. 电竞计算机

所谓电竞计算机，就是个人计算机的一种细分类型，有别于传统的家用计算机和办公计算机。具体区别体现在，电竞计算机的硬件性能非常强悍，很多硬件是专门为电竞玩家设计和配置的，具有强大的数据处理能力和图形运算能力，价格也十分昂贵。

随着电子竞技的发展，计算机设备逐渐无法满足游戏玩家的需求，在这样的背景下，电竞计算机的出现是大势所趋。这些专为电子竞技打造的计算机不但可以为职业战队提供强大的帮助，同时也刺激着不少高端玩家的购买欲。

ROG（Republic of Gamers，玩家国度）是华硕旗下高端计算机硬件设备品牌（标志如图 4-34 所示），创立于 2006 年 6 月，最初的设想只是设计出最好的主板和显卡产品。但随着华硕笔记本计算机产品的发展，ROG 也决定推出专门为游戏爱好者设计的高性能的游戏笔记本计算机。2007 年，首款使用 ROG 标识的游戏笔记本计算机 G70 问世。此后，ROG 成为了独立的品牌，生产线逐渐覆盖主板、显卡、笔记本计算机、台式计算机、鼠标、声卡、耳机等多种外设产品。如今，华硕 ROG 产品线已经获得消费者的高度认可，特别是近年来，随着 PC 玩家族群、电竞族群的迅速增加，在玩家心目中，ROG 俨然成为第一品牌。

图 4-34 ROG 标志

"外星人"（Alienware）品牌创立于 1996 年，是国际知名的游戏笔记本品牌（标志如图 4-35 所示）。每一款"外星人"电竞笔记本计算机采用的都是业界顶级的配置，代表了最好的品质和最强大的性能。"外星人"笔记本计算机第一个发布基于 intelCore2Duo 处理器的笔记本，也是 2007 年之前唯一提供 NvidiaSLI 显卡和 17 寸 LCD 显示屏的笔记本。"外星人"笔记本计算机的造型同样十分前卫，这使得它大受欢迎，不但获得了业内的一致肯定，还受到了高端消费者的青睐。

图 4-35 Alienware 标志

2006年，戴尔收购了"外星人"，此后，"外星人"成为了戴尔的子品牌。其具备无与伦比的扩展性、性能和兼容性，显卡可提供超高帧速率分辨率，让玩家拥有极致的游戏体验。

3. 电竞手机

随着手机游戏的流行，移动电子游戏市场也迎来了黄金时期。电子竞技设备不再局限于计算机，这对于具有强大的移动电子研发能力的厂家而言是一个巨大的机会。

与传统手机相比，游戏手机不仅包含了传统手机的全部功能，而且专为运行游戏而设计。游戏手机通常拥有自己的操作系统与专属游戏，并集成或配备游戏按钮或手柄，无论是软件还是硬件都经过优化，以便更好地运行游戏。游戏手机与掌上游戏机类似，但其分类为手机。

虽然坚实的移动设备基础可以让移动电子竞技设备商在前期实现快速的发展，但一些问题却会导致其后劲不足。与计算机设备相比，移动电子竞技设备的产品种类要少得多，移动电竞专用的电竞设备还处于萌芽阶段。

4.5.2 电竞周边

1. 实体周边

实体周边不但是游戏的衍生，更是游戏占领市场的绝佳武器，它不仅可以从情怀上吸引游戏玩家，更可以延长游戏的生命。许多游戏就算已经过气，但当玩家看到熟悉的周边形象时，内心还是会不自觉地产生一种亲切感，让人回想起当年沉迷于这款游戏的时光。这种影响不但可以增加游戏周边产品的销量，还能唤醒人们内心想要重回游戏的悸动。

第 4 章　产业

（1）游戏周边。

以游戏本身的人物形象等素材为基础的实体周边最为常见。游戏周边能够带来十分可观的利润，以至于暴雪专门成立了消费产品部，开发旗下游戏的周边产品。《魔兽世界》部分实体周边宣传画如图 4-36 所示。

图 4-36　《魔兽世界》部分实体周边宣传画

每年的暴雪嘉年华都是暴雪的游戏周边大显身手的好时机。在 2015 年的暴雪嘉年华上，仅仅两天时间里，周边产品销售额就达到了近 400 万元。2016 年，根据游戏《魔兽争霸：人类与兽人》改编的电影《魔兽》尚未在内地公映，其各类周边产品的销售额就已超过了 1 亿元。

游戏周边最常见的表现形式包括服装、玩具、饰品三大类。其中，服装的受众面最广，设计周期也最快，利润相对稳定；玩具突破了年龄限制，不再仅以低龄人群为主要受众，同时还吸引了许多成年人，利润非常可观，具有很大的市场潜力；饰品则以女性为主要目标客户群体。

（2）俱乐部及选手周边。

实体周边还包括以俱乐部和选手的人物形象进行二次创作的产品，通常的表现形式是俱乐部授权的外设、战队队服、队员形象手办等。

有些产品围绕战队文化展开，从细节和设计上彰显战队的风格，强调集体归属感；还有些产品将明星选手的个人特色最大化，为其量身打造以自身人设为基础的周边产品。

相当一部分观众会将自己对战队和选手的喜爱当作一种"信仰"。这些年轻人更享受和电竞选手、俱乐部共同成长的感觉，认为自己支持的选手和队伍取得好成绩与自己有关，从而获得成就感。很多俱乐部都着力打造明星选手，选手的曝光率越高，周边产品带来的收益也就越高。

例如，韩国著名战队 SKT，就把队员 Faker 打造成了一个明星，并且推出了和他有关的一系列产品，销量非常可观。LGD 战队是国内首家开设官方旗舰店的战队，旗舰店的热销产品包括战队同款鼠标垫、手机壳和服装。除此之外，还售卖毛绒玩具等。战队成员会不定期在店内签售，日销售额最高可达上万元。图 4-37 为 LGD 俱乐部实体周边店照片。

图 4-37　LGD 俱乐部实体周边店

2. 虚拟周边

虚拟周边是一个很抽象的概念，在电子竞技行业，虚拟周边可以是游戏内的饰品、皮肤、选手卡片、战队头像等。

虚拟周边产品的推出是基于游戏本身的 IP 价值，在制作和推广过程中对 IP 价值进行二次孵化。与实体周边相比，虚拟周边产品的传播效率更高、成本更低。

电子竞技虚拟周边与选手、俱乐部、电竞赛事的合作非常紧密，通过选手和俱乐部的名气来增加相关饰品的价值。

虚拟周边的一个代表是游戏中的饰品。这些饰品往往结合了明星选手的特点。例如，著名《刀塔》选手 Burning 的敌法师套装，就是借助选手名气和英雄结合开发出的虚拟电竞周边之一（Burning 敌法师套装介绍页面如图 4-38 所示）。

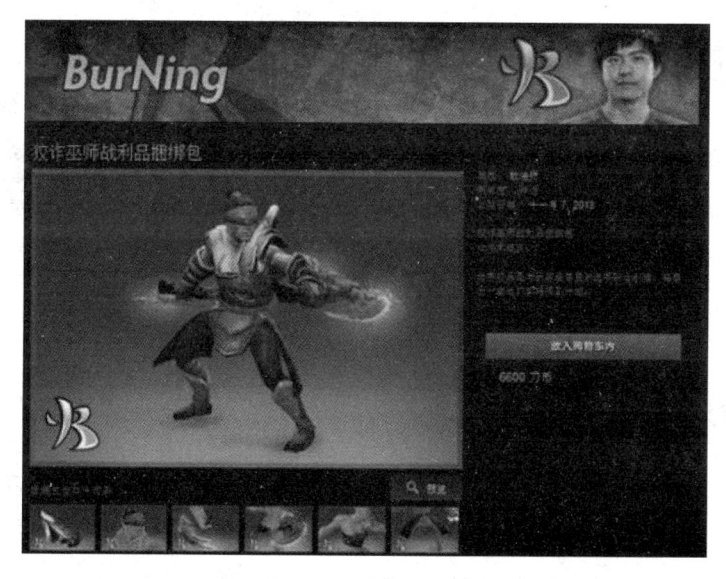

图 4-38　Burning 敌法师套装介绍页面

敌法师是《刀塔》中的著名英雄角色，在 TI 系列赛事上创造了很多辉煌。而 Burning 是著名的使用敌法师的选手，因为操作技巧极强，被广大支持者称为"B 神"，结合了知名选手和著名英雄的套装，具有超高的人气也就变得理所当然了。

《反恐精英》和《刀塔 2》的开发商维尔福公司与很多电竞选手保持着密切合作。例如，与著名电竞选手 Iceiceice 联合出品了小娜迦套装，受到了玩家的热烈追捧。还有在 TI3 上包揽全年冠军的知名战队 Alliance，也和维尔福公司合作出品了亚巴顿魔裔神兵套装。在这份套装的描述中写到，每售出一份虚拟饰品，Alliance 都能获得相应的分成。这样的合作既带来了利润，又回馈了战队，可谓是双赢。

虚拟周边的合作对象不仅限于知名战队和选手，一些著名的主播和解说也能为虚拟周边增加销量。例如，亚巴顿套装中的武器上有知名解说"单车"的签名。

虚拟周边还包括选手卡片。这种形式的周边首次出现在 TI6 比赛中。玩家可以购买选手卡片，组织自己理想中的战队。选手卡片做出了一个创新，购买卡片之后的一段时间内，卡片对应的选手每完成一次杀伤，卡片就会有 0.3 的加分。一些玩家在用卡片组建理想战队时，还会彼此交换卡片，形成虚拟交易。

4.5.3 电竞地产

1. 电竞地产的概念

随着电竞行业的发展和资本的不断进入，电竞赛事的影响力和观众人数都有大幅提升，很多观众对电竞场地提出了更高的要求。对电竞比赛来说，观赏性是极为重要的。因此，游戏开发商和电竞公司纷纷开始计划建设电竞场馆（如图 4-39 所示）、电竞主题乐园等，为玩家提供娱乐休闲和深度参与电竞的场所。建设电竞场馆正在形成热潮。

图 4-39 电竞场馆宣传图

在过去，线下的大型电竞赛事，多是临时搭建的一些比赛场地，较为高级和专业的电竞场馆一般是行业内较大的游戏开发商或者大型公司为了自身发展而建设的电竞场地。但是随着电竞行业的发展，除了这些大型的、专业的线下电竞场馆之外，还有一些场地提供方是以电竞小镇、电竞网咖的形式出现的。

目前，专业的电竞场馆一般都在一线中心城市，例如，上海已经有多家专业的电竞馆。相比之下，很多城市还没有电竞场馆的概念。近年来，电竞赛事开始施行主客场制，这就需要很多新兴的专业电竞场地。杭州电竞小镇宣传图如图 4-40 所示。

如今，地产巨头们也开始纷纷关注和参与电竞行业，开发"电竞+地产"模式。许多城市开始出现由政府、游戏厂商、开发商一起合作建设的电竞小镇，如腾讯等一些电竞行业巨头也纷纷开始与一些当地的政府合作，签署建设电竞小镇的相关协议。此外，一些老牌的俱乐部及行业内公司也计划加入电竞小镇，合作建设电竞主题项目。一些地区的当地政府也对电竞行业的发展提供了许多优惠的政策。在很多大型的商场中也已经出现了电竞体验专区，接下来也会朝着更加专业化的方向进行建设，形成更加适合电竞运动的电竞场地。

图 4-40　杭州电竞小镇宣传图

2017 年，"电竞馆"、"电竞小镇"、"电竞综合体"等新的概念逐渐为人们所熟知，全国已经有十几个已经建成或待建的电竞地产项目，如杭州数娱电竞小镇、北京朝阳合生汇泛娱乐电竞综合体等。这些项目都采取了"电竞+地产"的模式。

2. 政策导向

2016 年 9 月，住建部、发改委和财政部三大部委联合发布《关于开展特色小镇培育工作的通知》（部分内容如图 4-41 所示），要求“充分利用‘互联网+’等新兴手段，推动产业链向研发、营销延伸”。此后，地产商们纷纷投入开发各类体育小镇、动漫小镇、电竞小镇。

住房城乡建设部 国家发展改革委 财政部关于开展特色小镇培育工作的通知

建村[2016]147号

各省、自治区、直辖市住房城乡建设厅（建委）、发展改革委、财政厅，北京市农委、上海市规划和国土资源管理局：

为贯彻党中央、国务院关于推进特色小镇、小城镇建设的精神，落实《国民经济和社会发展第十三个五年规划纲要》关于加快发展特色镇的要求，住房城乡建设部、国家发展改革委、财政部（以下简称三部委）决定在全国范围开展特色小镇培育工作，现通知如下。

一、指导思想、原则和目标

（一）指导思想

全面贯彻党的十八大和十八届三中、四中、五中全会精神，牢固树立和贯彻落实创新、协调、绿色、开放、共享的发展理念，因地制宜、突出特色，充分发挥市场主体作用，创新建设理念，转变发展方式，通过培育特色鲜明、产业发展、绿色生态、美丽宜居的特色小镇，探索小镇建设健康发展之路，促进经济转型升级，推动新型城镇化和新农村建设。

（二）基本原则

——坚持突出特色。从当地经济社会发展实际出发，发展特色产业，传承传统文化，注重生态环境保护，完善市政基础设施和公共服务设施，防止千镇一面。依据特色资源优势和发展潜力，科学确定培育对象，防止一哄而上。

——坚持市场主导。尊重市场规律，充分发挥市场主体作用，政府重在搭建平台、提供服务，防止大包大揽。以产业发展为重点，依据产业发展确定建设规模，防止盲目造镇。

——坚持深化改革。加大体制机制改革力度，创新发展理念，创新发展模式，创新规划建设管理，创新社会服务管理。推动传统产业改造升级，培育壮大新兴产业，打造创业创新新平台，发展新经济。

图 4-41 《关于开展特色小镇培育工作的通知》部分内容

但由于地产商们普遍将“打造特色小镇”当作拿地的借口，并没有把这些特色真正融入小镇的建设中，因此，这些项目至今尚未取得显著成效。

世界五百强企业之一的厦门建发集团副总经理王文怀认为，仅仅以地产思路盖房子，卖房子，实质上是违背了“电竞+地产”的理念，要想做真正的电竞地产，就必须调整运营思路，导入优质的电竞内容。

2017 年年底，上海市政府发布了《关于加快本市文化创意产业创新发展的若干意见》，其中提到"加快全球电竞之都建设，鼓励投资建设电竞赛事场馆，重点支持建设或改建可承办国际顶级电竞赛事的专业场馆1至2个，规划建设若干个特色体验馆。发展电竞产业集聚区，做强本土电竞赛事品牌，支持国际顶级电竞赛事落户。促进电竞比赛、交易、直播、培训发展，加快品牌建设和衍生品市场开发，打造完整生态圈，为国内著名电竞企业落户扎根营造良好环境"。这也为今后上海地区电竞地产的发展做了铺垫。

3. 意义

未来电竞赛事会朝着更加正规化、专业化的方向发展，电竞行业下游的场地提供方也需要逐渐探索出适合自己的商业模式，作为电竞产业链中的一个环节，力求稳步发展，而就整个电竞行业发展来说，继续探索赛事可行的商业化运营及打造电竞生态将是行业发展与竞争的重点，作为电竞行业产业链环节之一的场地提供方也不可避免地需要与相关趋势逐步靠拢。电竞地产作为场地提供方新的发展方式和电竞行业的落地方式，其发展值得我们期待。

4.5.4 经纪公司

2014年，国务院发布46号文件，重点提出促进体育职业改革的相关意见，明确指出应该建设和完善相关的职业体育联盟体制。这项全新的运动不论是在国内，还是国外，都拥有非常宽泛的群众基础。随着科技不断进步，互联网技术也在快速地发展，从而间接地提高了电子竞技运动的观赏性，一步步地从电视屏幕走向大型屏幕。直至现在各类直播平台的兴起，电子竞技比赛又将主战场从大屏幕转到直播平台上。作为电竞运动发展的载体之一的电竞经济公司，在中间起到了完善电竞行业规范化管理的作用，并且加强了对俱乐部成员的管理与监督，对促进电竞行业的持续发展有着不可取代的重要意义。

1. 经纪公司的概念

与俱乐部、职业选手及解说等这些能够经常出现在观众面前的形象相比，电竞经纪公司就比较神秘了。电竞经纪公司通常是隐藏在荧幕之后，站在选手身后的有力保障。经纪公司通过与一些有潜力或是已成名的选手联合，为电竞选手提供相应的广告代理、未来规划、法律咨询、品牌代言、形象授权等一系列的服务内容。这种合作模式也同样是目前大多数欧美国家经纪公司在传统体育项目上所运用的。就目前的国内形势来看，大多数职业选手是通过与俱乐部签约这种形式，通过俱乐部获得相应的支持与服务，而专门为电竞选手服务的经纪公司还未出现。从现在的电竞行业形式来看，有相应的电竞业务的经纪公司基本都还停留在产出相关内容这一阶段。即便如此，电竞经纪公司还是能够为电竞行业创造巨大的贡献。

关于电竞经纪公司的发展现状，根据专业人士的分析，大多数经纪公司是与游戏俱乐部合作，来获得一些方面的利益。目前，我国与电竞产业有一定接触的公司都在培养专门签约的电竞艺人。这类公司往往具备资源与渠道优势，能够为旗下艺人提供良好的发展平台。随着电竞行业不断发展，一些俱乐部也开始着手发展专门的电竞经纪业务。

从目前来看，电竞经纪公司经营业务范围比较宽泛，例如，NEOTV的《中国好星际》这种娱乐类型的节目（标志如图4-42所示），通过电竞名人的流量带动效应，吸引大量的关注，由此获得相应的收入。总体来看，这类衍生节目正慢慢地成为经纪公司的核心业务。

图 4-42 《中国好星际》标志

2. 国内著名经纪公司——香蕉计划

2015年6月,王思聪在中国上海创办了上海香蕉计划文化发展有限公司(简称"香蕉计划",标志如图 4-43 所示)。该公司的主业不但包括电子竞技行业,还包括娱乐行业、体育行业和影视行业等,是一家多元化经营的公司。

图 4-43 香蕉计划标志

公司主要业务包括赛事制作、节目制作、网络主播、艺人经纪等,已成功承办包括LPL(《英雄联盟》职业联赛)、德玛西亚杯、全民枪战英雄联赛上海赛,以及自有赛事品牌"BEST"(香蕉电竞超级联赛)皇室战争邀请赛、《守望先锋》邀请赛等超级电竞赛事。同时,制作了多档游戏 PGC 节目,聚焦游戏、KOL、娱乐、活动等热门元素,致力于打造最高品质、最丰富、最立体的游戏及泛娱乐内容,构建世界领先的电子竞技生态。

香蕉计划在经纪方面除了签约国内外优秀艺人,进行包装和经纪事务外,公司还主办各类大小型演唱会、音乐节等娱乐演出活动,同时建立独立的新人选拔、培训养成系统,并制作网络及电视真人秀综艺节目,推出练习生培训制度,培养国内新生代偶像艺人。

3. 经纪公司发展前景

在国内,电竞经纪公司这一行业才刚刚起步,而国外的体系制度是相对先进的。相比较来说,国内的现役职业选手,包括一大批相关从业人员的受教育水平较低,直接导致了他们在接受采访时表述水平低,在比赛中缺少应急处理能力,最严重的是法律意识薄弱,导致合同纠纷等事件频频发生。而经济公司要做的就是帮助电竞选手避开不利因素,赋予电竞运动员更多的保障。当下的电竞明星们有不少与相关的经纪公司签约,从目前他们身价不断上涨的现状来看,电竞经纪公司功不可没。

在这样一个时代,人们对优秀的电竞运动员的关注不仅仅只停留在技术水平上,而是对他们素质、道德等方面有着全面的衡量。因此,经纪公司的意义便凸显出来,在选手专注于提升自我水平的时候,经纪公司能够帮助选手从其他方面提升个人价值,为他们打造积极健康的形象。由此可见,电竞经纪公司在整个电竞产业中是必不可缺的一环。

4.5.5 数据分析

随着电竞产业近年来的蓬勃发展,大数据分析从传统体育数据分析转变到对电竞游戏本身的数据分析，这样一种有别于以往的数据分析模式既是电竞产业发展的大势所趋，也是电竞竞技需求的直接体现。

1. 数据运营的概念

在大数据时代，数据是一种资产，企业对数据的拥有量越高，在未来发展中就越具有优势。同时，无论是大型企业还是中小型公司，有效的数据运营是在大数据时代企业生存和发展的基本条件。可行的数据运营体系包括数据运营团队、数据运营平台、数据运营技术支撑，三者的结合既能使数据实时地被挖掘和分析，又保障了数据运营工作有条不紊地进行。

传统的大数据分析往往由游戏运营商主导，目的是为了企业生存与行业竞争优势，分析内容则主要包括游戏的传播效果、广告的投放效果、用户层次分布、游戏时间、新玩家价值与收益等，是浮于电子竞技本身之外的一种商业行为。游戏数据分析运营的目的是针对游戏中产生的数据进行合理分析，重点服务于玩家的游戏体验及电子竞技的"竞技过程"。

2. 数据运营的必要性和发展前景

电竞产业实现下游数据分析运营是现阶段包括电子竞技产业及大数据等在内发展的必然趋势，可从宏观与微观两个层面对这一问题进行思考。

首先是宏观层面，电子竞技是拥有高额利润回报的新兴产业。根据相关统计显示：2014年，我国电竞市场规模约为226.3亿元，相比2010年翻了近5番；2015年，我国电竞市场规模增长至269亿元，一跃成为全球最大的电竞市场；截至2016年年末，我国电竞市场规模已高达300亿元，将有望再次实现跨越式增长。同时，电子竞技也是拥有充分发展前景的新兴产业，其第三方赛事发展迅速，国际电子竞技大赛（IET）、世界电子游戏竞技大赛（WCA）等国际级第三方赛事落户国内；全国电子竞技大赛（NEST）、中国电子竞技大会（CIG）、中国电子竞技娱乐大赛（CEST）等国家级第三方赛事也不胜枚举，逐步形成了第一方赛事和第三方赛事共同繁荣的新局面。数据分析作为电子竞技产业的子环节在近年来同样迎来了良好的发展机遇。就在2017年，位于德国柏林的电竞大数据初创公司DojoMadness获得了一笔600万美元的融资，该公司旨在利用大数据的力量构建工具和服务，帮助玩家和粉丝了解和掌握他们最喜欢的电子竞技游戏，具体体现为开发用以帮助《英雄联盟》《守望先锋》和《刀塔2》玩家进行训练的移动应用，同时也为职业战队和电竞赛事转播机构提供相应的B2B数据服务，以及一个独立的SaaS（软件即服务）平台，这一实例直接体现了资本市场对电竞大数据领域的关注与重视。

其次是微观层面，电子竞技虽然逐渐发展成为一种产业形式，但其存在根源与发展动力依旧是每一个参与其中的玩家个体，包括业余玩家和职业玩家，他们参与电子竞技的初衷就是要在战胜对手的过程中获得相应的成就感及成绩。而上升到职业电竞这一层面，比赛的输赢直接牵涉到电竞俱乐部及背后资本的更多实际利益，如获取丰厚的奖金、赞助及更多的知名度等，所以，寻求比赛的胜利成为了核心问题，电竞项目也如同其他传统体育项目那样，希望借助详细的游戏数据来总结、分析选手的游戏操作，进而帮助选手提升技术水平，包括像足球比赛那样通过分析对手的常用战术及主要队员的操作习惯来为备战提供有效的参考。为了满足这一需求，越来越多的电竞俱乐部招聘了专职的数据分析师，他们的主要职责就是针对选手在游戏中的各种比赛数据进行汇总，并把每个选手比赛习惯的相关信息进行量化，将数据通过相关模型进行效果分析，运用这些数据发现每位选手的优缺点，以此来指导战队的英雄选择和战术设计，同时提供比赛对手的各种情报。这也直接证明了电竞产业对于下游数据分析的迫切需求,甚至随着电子竞技行业的不断发展,这种需求已经逐渐成为一种关乎游戏体验及游戏成绩的刚性需求。

无论是电竞产业发展的大势所趋,还是电竞本身的竞技需求,数据分析运营都将成为今后电竞行业与电竞玩家越发重视的新兴领域。同样,作为一个热门的商业现象与话题,数据分析运营也理应获得相关电竞从业人员及投资者的持续关注。

4.5.6 电竞教育

如今,电竞产业的局面日益火热,但这也同样凸显了电竞行业缺乏专业人才的现状。根据 2017 年伽马调查报告的数据显示,电竞行业规模年复合增长率已经达到 46%。中国的电竞公司数量高达 10 000 家,需求职位方向达到 36 个,而人才缺口达 26 万左右。哪里有需求,哪里就有市场,面对这样的情况,电子竞技教育既可以培养专业人才满足市场需求,还能为学生的就业问题提供新的方向,可谓一举多得。

1. 电竞教育的概念

电竞行业正在逐步形成完整的产业形态,越来越多的人已经接受了"电竞不等于打游戏"的概念。同样,电竞教育也不是教怎样打游戏,而是培养电竞行业缺少的技能型人才。

那么,电竞教育的教育理念是怎样的呢?总的来说,教育理念包括了教育宗旨、教育使命、教育目的、教育理想、教育目标、教育要求、教育原则等。而电竞教育的教育理念就应当是不断发掘学生的潜能和资质,通过专业性的学习,培养专业性的电竞人才,并且有针对性地输送到行业内所匹配的岗位上,从而实现学生自身的个人价值,加速整个电竞行业的发展。

2. 政策引导

2016年，中国电竞游戏市场的销售额高达504.6亿元，整体用户规模达到1.7亿元，乘着这股势头，电子竞技教育开始崭露头角。

2016年下半年起，国内多家高校陆续开设电子竞技教育相关专业：2016年8月，内蒙锡林郭勒学院开设电竞专业，成为全国首家开设此专业的学院；12月，中国传媒大学南广学院增设艺术与科技（电子竞技分析方向）专业，计划招生40人；2017年1月，中国传媒学院开设数字媒体技术和数字媒体艺术两个电竞方向的专业；4月，四川科技职业学院、四川传媒学院和四川电影电视学院也分别开设了电竞专业。

同时，高等职业学校也提高了对电竞教育的关注度。2016年9月，教育部职业教育与成人教育司发布了《关于做好2017年高等职业学校拟招生专业申报工作的通知》，公布了13个增补专业，其中就包括"电子竞技运动与管理"专业，属教育与体育大类下的体育类。

在政策红利、资本推助、高校入局的共同作用下，"电竞+教育"模式逐渐成型。2017年3月到7月，中国电竞教育联盟、中国电竞文教产业联盟等机构陆续成立，电子竞技教育开始初具规模。

3. 电竞教育的合作模式：校企合作

国内目前主流的电子竞技教育模式是"校企合作"，即高校和相关资本企业共同成立电竞学院或培训机构。据不完全统计，从2016年到现在，已经有十余家企业选择与高校联合的方式培养电竞人才。

例如，上海戏剧学院于2017年7月与上海久意信息技术有限公司达成合作，共同成立了电子竞技专业（图4-44是上海戏剧学院与久意信息技术有限公司电子竞技专业发布会照片。），包括电子竞技舞台设计与电竞解说主持两个专业方向。上海戏剧学院还邀请了ESTAR、AG、NTG

等职业俱乐部作为战略合作伙伴。该专业培养的人才，很有可能在未来加入这些俱乐部。

图 4-44　上海戏剧学院与久意信息技术有限公司电子竞技专业发布会

在"校企合作"模式中，企业一是将自有业务与电竞人才培养、课程设置等方面相结合；二是对电竞人才培训进行资本注入，目前虽然处于投资初期，可选择的项目不多，多数参与其中的企业规模不大，但本身技能属性较强。

从高校的角度来看"校企合作"，这一模式可以为学生提供更多的实习机会，让他们可以更好地理解整个电子竞技产业链的运作方式。以广州美术学院为例，其数码游戏专业就以 IP 化为思考基础，通过走小产业链模式，包括和网易、腾讯等机构合作，试图把学生的作业转化为成品或商品，让学生能更快地与社会需求接轨。

第 5 章 政策

5.1 相关政策

5.1.1 政策的发展与变化

1. 文化产业身份受到重视

虽然电子竞技在起步之初面临着诸多困难，但是由于其定位的特殊性，在政策上符合多个领域的要求，所以还是得到了相当多的来自政府层面的支持。电子竞技一方面是文化产业中的一部分，另一方面是一项单独的体育运动，这样的双重身份促进了电子竞技在中国的稳步发展。

2005年8月，国务院出台了《关于非公有资本进入文化产业的若干决定》，其中明确地将"文化娱乐、动漫与网络游戏"等领域划分到"鼓励和支持"的范畴内。而电竞作为网络游戏领域中的重要组成部分被重视起来。

之后的几年中，政府加大了对电子竞技的扶持力度，并且目标更加细化、方向更加明确。2009年，国务院《文化产业振兴规划》提出："以文化创意、影视制作、出版发行、印刷复制、广告、演艺娱乐、文化会展、数字内容和动漫等产业为重点，加大扶持力度，完善产业政策体系，实现跨越式发展。文化创意产业要着重发展文化科技、音乐制作、艺术创作、动漫游戏等企业，增强影响力和带动力，拉动相关服务业和制造业的发展。"这其中，电子竞技完全符合文化科技的大方向，受到了大力扶持。因此，2012年11月，中共十八大又提出了"促进文化和科技融合"的口号，电子竞技借着"科技强国"的东风正式成为文化建设的重要一环。

2. 作为体育项目受到精准扶持

电子竞技在文化产业领域地位提高的同时，也作为一项正式的体育运动配合中央的政策茁壮成长，并逐渐成熟，图5-1为电竞发展之路发布会现场照片。

图5-1 电竞发展之路发布会现场

2010年3月发布的《国务院办公厅关于加快发展体育产业的指导意见》（如图5-2所示）中提出，"到2020年，培育一批具有国际竞争力的体育骨干企业和企业集团，形成一批有中国特色和国际影响力的体育产品品牌"，"形成与国际接轨、管理规范、充满生机活力的体育社会组织体系"，这些完全符合电子竞技作为一项新兴体育产业的国际化特点。除此之外,《意见》中还提到了"体育产业与相关产业互动发展"的理念。从这方面来看,与其他传统体育项目相比,电子竞技有着无法替代的优势,这种优势主要来自于电子竞技的文化因素,这一优势能够更容易地和其他相关产业相结合,共同发展。

图 5-2 发布《国务院办公厅关于加快发展体育产业的指导意见》图片

2014 年 10 月发布的《国务院关于加快发展体育产业促进体育消费的若干意见》中提到"把体育产业作为绿色产业、朝阳产业培育扶持"和"健身休闲、竞赛表演、场馆服务、中介培训、体育用品制造与销售等体育产业各门类协同发展,产业组织形态和集聚模式更加丰富。体育产品和服务层次更加多样,供给充足"。政府给了电子竞技合理的定位,也为电子竞技的未来发展指明了方向,并具体地提出了要求。

5.1.2 系列政策出台：从压制到扶持

对于新生事物来说，宽松的环境和政策扶持十分重要。然而，在诞生之初，电竞行业就遭受了很多误解，承受了非常大的舆论压力，长期处于被压制的状态。

2004年2月，国务院在《中共中央国务院关于进一步加强和改进未成年人思想道德建设的若干意见》中强调了对青少年思想道德建设工作的重视程度。随后召开的两会上，一名政协委员在提案中指出了青少年为网络游戏而逃课的现象。

在这种背景下，为了规范和管理电子竞技行业，2004年4月12日，广电总局发布了《关于禁止播出电脑网络游戏类节目的通知》，通知如下：

各省、自治区、直辖市广播影视局（厅）、新疆生产建设兵团广播电视局、中央三台：

最近，某些广播电视播出机构设置电脑网络游戏栏目，播出电脑网络游戏节目，给未成年人的健康成长带来不利影响，广大群众对此意见很大。

根据中央领导指示精神，为贯彻落实中共中央、国务院《关于进一步加强和改进未成年人思想道德建设的若干意见》，为广大未成年人的健康成长提供良好的文化舆论环境，现就有关问题通知如下：

一、各级广播电视播出机构要切实提高政治意识、大局意识和责任意识，充分认识做好未成年人思想道德建设工作的重要性，认真贯彻落实中共中央、国务院《关于进一步加强和改进未成年人思想道德建设的若干意见》，采取积极有效措施，努力办好未成年人节目。

二、各级广播电视播出机构一律不得开设电脑网络游戏类栏目，不得播出电脑网络游戏节目。同时，要在相应的节目中宣传电脑网络游戏可能给未成年人健康成长带来的负面影响，积极引导他们正确利用电脑网络的有益功能，正确对待电脑网络游戏。

三、各级广播电视行政部门在接到通知后，要对所属各级电台、电视台有关电脑网络游戏宣传情况进行全面清理检查，并建立健全管理制度，加强宣传管理，坚决防止任何有害未成年人健康成长的节目播出。

这个通知下达后，电子竞技节目全部被停播。对于刚刚兴起的电竞行业来说，以广播电视为首的主流媒体的封杀几乎是致命的打击，就如同被勒住了咽喉，无法呼吸。这意味着，中国电竞行业无法借鉴韩国的电竞模式来解决生存的问题。从此之后，投资者纷纷离场，电竞选手待遇急转直下，电竞人才大量流失，电竞俱乐部在生死线上挣扎，原本火热的电子竞技市场骤然步入冰冷的冬天。

但是，电子竞技在经济发展中所发挥的作用实在太过耀眼，在大力推进经济体制改革和市场化建设的进程中，行政部门不得不重视这个领域。图 5-3 为 CCTV13 新闻播报《2016 中国游戏产业报告》节目截图。

图 5-3　CCTV13 新闻播报《2016 中国游戏产业报告》

2016 年，电子竞技的政策限制迎来了全面解禁。文化部 26 号文件提出，要鼓励游戏游艺设备生产企业积极引入体感、虚拟现实、增强现实等先进技术，支持打造游戏游艺竞技赛事，开放游戏游艺设备的生产和销售，取消之前对游艺娱乐场所的总量和布局的要求。国务院总理李克强主持召开国务院常务会议，会上提到了要因地制宜发展电子竞技。2017 年，文化部发布了《文化部“十三五”时期文化产业发展规划》（如图 5-4 所示），其中再次提到要推动游戏、电竞行业的发展

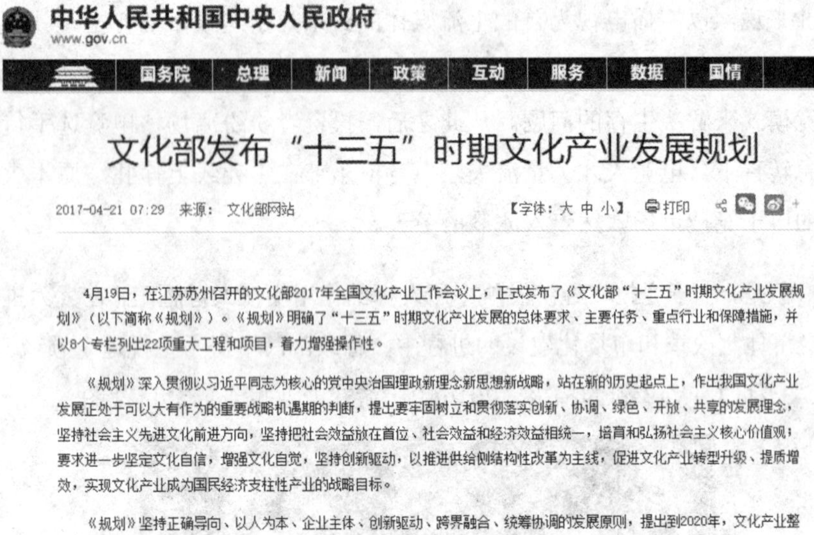
中华人民共和国中央人民政府
www.gov.cn
国务院 总理 新闻 政策 互动 服务 数据 国情

文化部发布“十三五”时期文化产业发展规划

2017-04-21 07:29 来源：文化部网站 【字体：大 中 小】 打印

4月19日，在江苏苏州召开的文化部2017年全国文化产业工作会议上，正式发布了《文化部“十三五”时期文化产业发展规划》（以下简称《规划》）。《规划》明确了“十三五”时期文化产业发展的总体要求、主要任务、重点行业和保障措施，并以8个专栏列出22项重大工程和项目，着力增强操作性。

《规划》深入贯彻以习近平同志为核心的党中央治国理政新理念新思想新战略，站在新的历史起点上，作出我国文化产业发展正处于可以大有作为的重要战略机遇期的判断，提出要牢固树立和贯彻落实创新、协调、绿色、开放、共享的发展理念，坚持社会主义先进文化前进方向，坚持把社会效益放在首位、社会效益和经济效益相统一，培育和弘扬社会主义核心价值观；要求进一步坚定文化自信，增强文化自觉，坚持创新驱动，以推进供给侧结构性改革为主线，促进文化产业转型升级、提质增效，实现文化产业成为国民经济支柱性产业的战略目标。

《规划》坚持正确导向、以人为本、企业主体、创新驱动、跨界融合、统筹协调的发展原则，提出到2020年，文化产业整

图 5-4 文化部发布《“十三五时期文化产业发展规划》

在政策放宽的大环境下，我国电子竞技产业终于能够放开手脚发展。前瞻产业研究院发布的《2018—2023 年中国电子竞技行业商业模式构建策略与投资战略规划分析报告》显示，2016 年我国电竞产业市场规模已经突破 500 亿元，电竞辐射人数已接近 2 亿人次。

随着电子竞技逐渐朝着专业体育项目的方向发展，国家各有关部门不断出台相关政策，对电竞行业进行完善与规范。2018 年亚运会上，《英

雄联盟》等电竞项目第一次成为了表演赛项目，这意味着电子竞技运动已经赢得了全国乃至世界范围内的认可。

政府的态度转变，原因是多方面的。一方面是技术的发展所带来的必然结果；另一方面，也是最重要的一点，那就是电子竞技所带来的庞大的产业融合。互联网技术和移动设备不断更新换代，移动端电子竞技普及到千家万户，电子竞技的发展也会反哺互联网的发展，这种相互促进的良性循环正是政府所期待的。技术的革新带来的是生活方式的改变，电子竞技已经开始引领新的生活方式，多产业联合发展将促进中国经济奔向新的高度。这些都决定了电子竞技在中国未来的经济发展中的地位，而政府的态度转变是必然的结果。

5.1.3 相关各部门政策分析

从国家经济发展的大方向上来看，国家发改委和国务院分别在2016年出台的相关政策明确提出了电子竞技的发展模式。

2016年4月15日，国家发改委发布《关于印发促进消费带动转型升级行动方案的通知》指出："在做好知识产权保护和对青少年引导的前提下，以企业为主体，举办全国性或国际性电子竞技游戏游艺赛事活动。"

2016年10月14日，国务院总理李克强主持召开的国务院常务会议中指出："要出台加快发展健身休闲产业指导意见，因地制宜发展冰雪、山地、水上、汽摩、航空等户外运动和电子竞技等。"

从这两个政策中可以清晰地看到，国家已经将电子竞技产业上升为促进消费带动转型升级的中坚力量了。为了促进消费带动经济转型，电子竞技产业由于其可以与其他产业深度融合的自身特点，是政府不得不考虑的重要因素。电子竞技作为娱乐休闲产业，它的发展必然改变人们的生活理念，人们开始追求精神上的享受，这会极大地促进互联网消费。

国家体育总局在 2016 年 7 月 13 日发布的《体育产业发展"十三五"规划》中指出:"以冰雪、山地户外、水上、汽摩、航空、电竞等运动项目为重点,引导具有消费引领性的健身休闲项目发展。"根据国家体育总局的数据,到 2014 年为止,全国体育产业总规模超过 1.35 万亿元,且连续三年增长率为 12.74%,远高于 GDP 的增长速度。

这项政策表明,电子竞技被明确提出并被纳为体育总产业的一部分。体育产业发展"十三五"规划的最终目标是包括电子竞技在内的体育产业总规模超过 3 万亿元,而电子竞技作为其中重要的组成部分,所占份额之重不言而喻。这项政策将充分调动电子竞技相关企业的积极性,先占领电子竞技市场的就夺得了商机。

未来,国家体育总局还将出台一系列相关管理制度来完善电子竞技行业中的诸多问题,让电子竞技作为一项标准的运动项目向职业化和正规化发展。

电子竞技与其他体育项目最大的区别就在于电子竞技在全世界范围内形成了独一无二的文化氛围。这种文化性的特点是更加亲民,娱乐性更浓重,每一个人都无条件地享受到电子竞技的乐趣。与此相关,文化部和教育部也各自出台了相关政策。

文化部 2016 年 26 号文件提出:"鼓励游戏游艺设备生产企业积极引入体感、多维特效、虚拟现实、增强现实等技术;支持打造区域性、全国性乃至国际性游戏游艺竞技赛事,带动行业发展;全面放开游戏游艺设备的生产和销售,全面取消游艺娱乐场所的总量和布局要求;各省、自治区、直辖市应当确定本地至少 3 个转型升级重点城市(区),各重点城市(区)应当分别发展 3~5 家歌舞娱乐转型升级示范场所和游戏游艺转型升级示范场所。"

文化部以"娱乐性"、"文化性"为落脚点,对电子竞技的游戏体验升级、场所数量、资金投入等方面加大放宽力度,提高娱乐性,调动积极性。而所谓的电子竞技的游艺娱乐场所这个概念,事实上已经深入各大企业中。许多企业已经开始着手做"电竞馆",但是由于国内没有先例,加之我国电子竞技仍处于发展阶段,所以,具体运作方式和相关制度并不明晰,仍在探索阶段。

2016年9月6日,教育部公布了《普通高等学校高等职业教育(专科)专业目录》。该名录增补的13个专业中包括"电子竞技运动与管理"。截至2018年1月,已有13个院校发布了其电子竞技相关专业的开设及招生情况。

这项政策总的来说是为其他部门做补充而出台的。一个新兴产业的发展离不开数量充足的人才的支持,电子竞技的相关人才也不单单是职业选手。电子竞技作为一个产业,它的内部结构是极其复杂的,每一个环节都需要专门的人才来运作。据统计,目前电子竞技岗位空缺达到26万,需求职位方向达36个,其中包括电竞赛事运营、电竞心理分析师、电竞数据分析师及电竞管理人员等多个专业岗位。

5.2 监管部门

在电子竞技产业链中,监管部门不可或缺。作为一项新兴产业,电子竞技在许多方面都缺乏明确的法律规定与限制。因此,随着电子竞技的发展,官方有关部门也在不断出台政策,对电子竞技监管进行进一步的完善。

5.2.1 公安部门

1. 监管责任

公安部门与电子竞技行业的监管关系主要产生在网吧等游艺场所与直播平台上，包括大规模电竞赛事的安保监管工作等。

进入 21 世纪，中国互联网发展迅速，促进了网吧的发展。随着聊天软件和网游的兴起，网吧数量与日俱增，大大小小的网吧如雨后春笋一般出现在我国大小城市的街道上。早期的电竞就是在网吧中萌芽的，因此，网吧对我国电竞事业的发展起到了积极的促进作用。但与此同时，网络色情、暴力、未成年人上网、上网成瘾等问题，也逐渐浮现出来。

2002 年 6 月，由于四名中学生纵火导致的"蓝极速事件"，使得国内单体网吧遭受了长达 10 年的严厉管制。同年 10 月，政府出台了《互联网上网服务营业场所管理条例》，其中重点工作就是禁止未成年人进入网吧，网吧数量增长开始放缓。据文化部发布的《2012 年中国网吧市场年度报告》显示，2012 年中国网吧数量为 13.6 万家，比 2011 年减少 6.9%。在这样的背景下，公安机关对网吧实施了长期的严格监管。

除了网吧，近几年新兴的网络直播行业也处于公安部门的监管范围之内。直播处于电竞产业下游，它的兴起与电子竞技产业的发展密不可分。近年来，网络直播行业发展迅速，部分平台和主播为了自己的人气，开始频频用打擦边球的方式吸引流量，在灰色地带不断试探，传播色情低俗信息、挑战公众道德底线，软色情表演、赌博等违法犯罪活动层出不穷。对这些现象，公安机关也依法进行了严厉打击。

2. 政策解读

2016年7月，公安部网络安全保卫局召开网络直播平台专项整治工作会议，决定在全国范围内组织开展网络直播平台专项整治工作。公安部称，将切实加强对网络直播平台的安全管理，依法打击利用网络直播平台实施的各类违法犯罪活动，进一步净化网络环境。

专项整治期间，全国公安机关网安部门将全面检查网络直播平台安全管理制度措施的落实情况，指导网络直播平台全面清理各类违法有害信息，依法关停传播违法信息的账号、频道，查处存在违法违规行为的网络直播平台。此项工作中，重点整治三类网络直播平台：一是群众举报、网络曝光或网民反映问题集中的；二是涉嫌存在色情表演、聚众赌博及其他违法行为的；三是企业自身管理秩序混乱、安全管理制度措施不落实的。同时，公安机关将监督指导网络直播平台，加强安全管理，履行法定责任义务，严格落实违法信息，防范处置及网上案件线索发现报告等措施，推进网络主播和管理员实名制、普通用户手机注册登记等安全管理制度，促进网络直播平台的健康发展。

公安机关对网络直播平台依法进行专项整治，本质上是为直播创造更加健康的发展环境。从长期来看，对我国电竞行业有着正向引导、保驾护航的积极作用。

5.2.2 文化部门

1. 监管责任

我国第一部针对网络游戏制定的监管办法是由文化部出台的。在《网络游戏管理暂行办法》（以下简称《办法》）中，文化部规定了网络游戏的娱乐内容、市场主体、经营活动、运营行为、管理监督和法律责任。按照《办法》的要求，网络游戏应采用实名制，游戏内容和游戏方式都应该健康、积极、向上。文化部对电子竞技的监管也体现在这几个方面，希望游戏玩家能够控制游戏时长，不把游戏当成精神寄托，并且要养成健康的游戏心态。这对电竞的健康发展具有指导意义。

2．政策解读

2016年9月，文化部发布了《关于推动文化娱乐行业转型升级的意见》，明确提出鼓励电子竞技场所建设，支持区域性、全国性乃至国际性电子竞技赛事，引导和扶持各种电子竞技比赛与游戏游艺行业融合发展。

2017年1月1日，由国家文化部发布的《网络表演经营活动管理办法》正式开始实施，该办法明确了经营性电竞直播属于"网络表演经营活动"，应当办理网络文化经营许可证。

以上政策对电竞的发展起到了鼓励和推进作用。但是同时我们也应该看到，电竞的基础是网络游戏，而层出不穷的游戏仍然需要大力监管。

文化部从2017年年底开始收紧对网络游戏市场的监管，开展了专项查处，进一步把控网络游戏内容、宣传等。同时，规范手机游戏市场经营秩序，严查淫秽色情、危害社会公德、赌博暴力等禁止内容。

在查办过程中，文化部明确要求：禁止提供含有不规范内容的网络游戏产品和服务；网络游戏的推广和宣传不允许出现不规范内容；网络游戏用户必须使用有效身份证件进行实名注册，并保存用户注册信息；禁止诱导网络游戏用户采取投入法定货币或者网络游戏虚拟货币的方式获取网络游戏产品和服务等。

中宣部、中央网信办、公安部、文化部等部门联合印发《关于严格规范网络游戏市场管理的意见》，着手对网络游戏违法违规行为和不良内容进行集中整治。按照统一部署，文化部采取多项措施加强网络游戏市场监管，督办网络游戏市场重大案件，召开主要网络游戏运营单位和游戏直播平台监管通气会，要求开展全面自查自纠，自觉抵制和清除不良内容。

这样高强度的整治，无疑可以更好地保障玩家的利益，维护游戏市场的公平公正。推进网络游戏转型升级，进一步规范市场秩序，为电竞提供良好的发展环境。

5.2.3 工信部

1. 监管责任

工信部，全称为工业和信息化部，主要职责为：拟定实施行业规划、产业政策和标准；监测工业行业日常运行；推动重大技术装备发展和自主创新；管理通信业；指导推进信息化建设；协调维护国家信息安全等。

工信部下属的中国通信工业协会，致力于联合国内的电子竞技产业发展与应用推广的企事业单位及个体，在平等互利、优势互补、资源共享、合作共赢的原则下，积极推动电子竞技产业产品的自主创新与科学发展；在行业主管部门与相关政府部门的领导与指导下，提出促进产业与应用发展的建设性意见，协助相关政府部门研究制定有利于电子竞技发展与应用示范工程建设的重大产业政策、应用促进条例、标准体系和测试平台；为会员和企业服务，为政府服务，为社会服务；在政府和会员，以及企事业单位之间发挥桥梁和纽带作用，促进国内电子竞技产业健康、可持续发展。

中国通信工业协会也拥有自己的电子竞技分会，这是一个跨部门、跨地区、跨所有制的全国性行业组织和非营利性社会经济团体，接受业务主管单位——中国通信工业协会的组织领导和工信部的行业指导和监督管理。

电子竞技分会的业务范围如下。

一、围绕国家有关电子竞技广泛应用的中心工作开展活动，积极为政府部门提供行业动态、市场调研、产业报告、会员诉求和政策咨询等。

二、协助政府部门培育健康有序的电子竞技应用市场，促进国内电子竞技产业规范、健康、绿色、可持续发展；参与相关法律法规、宏观调控和产业政策的研究、制定；联合相关行业主管部门，参与行业标准、资质等级、准入条件和发展规划的研究、制定；参与行业信用等级的评价、认证与管理，维护信用等级的合法性和有效性。

三、贯彻执行国家关于电子竞技产业及行业应用的方针政策，为会员和行业发展营造良好的舆论环境和社会环境。

四、为推动电子竞技技术落地应用和相关专业技术培训教育服务。按国家管理部门的要求，积极组织和承办有关游戏、电子竞技产业与技术新理论、新方法、新技术、重点应用示范项目等方面的专业培训、人才培训和职业标准的制定。

五、服务于会员单位开展电子竞技技术应用的对外交流与合作，实施"走出去"战略，为会员积极拓展国际交流合作，提供可靠服务，实现直接对接。

六、利用自动化办公手段和媒体网络，加强宣传报道工作，办好行业网站、会刊和其他宣传出版物，真实、准确、快捷地为业务主管单位和上级领导及广大会员提供综合信息服务。

七、按照国家有关规定和收费标准，对由业务主管单位委托或根据市场和行业发展需要举办的大赛、内容传播、展览会、交易会、研讨会、论坛、研修班、培训班、出国考察等活动实行有偿服务。

八、联络全国和地域性的相关行业学会、协会、专业委员会共同或各有侧重地开展信息交流、学术研讨、专项合作、公共服务，积极发展行业公益事业和社会公益事业。

九、组织开展国际合作、交流等相关工作。

十、协助会员企业开展技术、产品、市场方面的调研及推广等相关活动，促进会员企业健康、快速发展。

十一、努力完成国家相关管理部门委托、交办的各项工作任务，协调地方政府有关部门努力完成会员单位委托的有关工作事项。

2. 政策解读

2018年6月6日，在工信部中国通信工业协会电子竞技分会举办的新闻发布会上，集中阐释了电子竞技分会在电竞发展中起到的作用，讨论了如何建设电子竞技产业标准体系和平台。

电子竞技分会将引导行业生态朝积极的方向发展，主要是从建立良性的产业生态着手，通过搭建与市场直接对接的相关平台，如"产品测试认证"、"安全服务"、"教育培训"、"赛事运营"、"媒体运营"、"国际交流合作"等，通过平台的引导和示范作用，促进产业生态的良性进化。通过建立覆盖整个产业的标准体系，释放出标准的规范作用，逐步将产业发展引入规范的运行轨道。

电子竞技分会将充分运用工信部直属协会的行业管理职能，以工信部有关直属机构及相关企业的技术测试能力和设施为核心，搭建中国电子竞技产品测试认证平台；推出我国电子竞技产品（硬件、软件）的技术认证体系，确保相关电竞产品（硬件、软件）符合标准要求，满足规范条件。尤其是将竞技游戏产品的文化框架、技术框架、安全框架、支撑框架、服务框架等纳入底层技术开发规范（标准）并进行认证，从源头和基础上实现行业多元化技术监管的落地。

电子竞技分会将以丰富多彩的正能量电竞业务活动为载体，让广大电子竞技从业者和爱好者有更好的大众电竞消费体验感和更丰富的正能量电竞文化获得感。

5.2.4　广电总局

1. 监管责任

广电总局即国家广播电视总局，对电子竞技游戏的内容和版权归属进行监管。

广电总局与电子竞技的第一次交集发生在 2004 年。这一年，第一届中国电子竞技运动会（CEG）开幕，第一只电子竞技国家队成立，国内多家电视台开始播出电子竞技节目，电子竞技在我国的关注度逐渐提高。然而，同年 4 月 12 日，广电总局发布了《关于禁止播出电脑网络游戏类节目的通知》，禁止所有的国有电视台播出任何网络游戏类的节目，CCTV5 的《电子竞技世界》和各个卫视的电子竞技节目都遭到停播，直接导致电子竞技失去了主流媒体宣传途径，在黄金上升期却无法得到应有的宣传，最终使得电子竞技在中国很长一段时间内都只属于小众群体的地下狂欢。

2016 年 7 月 1 日，由国家新闻出版广电总局发布的《关于移动游戏出版服务管理的通知》开始施行。施行之日起，未经国家新闻出版广电总局批准的移动游戏不得上网出版运营。从事移动游戏研发和出版发行业务的企业严格按照通知要求对游戏版号予以审查。自 2016 年 10 月 1 日起，所有已上线商用游戏需要具备版号，若无法提供版号，后期将会按通知要求予以处理。

2. 政策解读

2016年，随着家用计算机、智能手机的普及，游戏市场开始出现大面积回暖，尤其是移动端手机游戏出现大规模井喷，但同样的这些游戏的质量也参差不齐，面对鱼龙混杂的游戏市场，广电总局再次出手。

由国家新闻出版广电总局发布的《关于移动游戏出版服务管理的通知》于2016年7月1日开始施行，这一审批制度直接从政策层面提高了手游市场的准入门槛，净化了混乱的市场，有效避免了色情、暴力、低俗信息被"夹带私货"混入其中。在市场变得更有秩序的同时，也能促使游戏厂商——尤其是腾讯、网易、西山居等大厂商投入更多的精力打造更有深度的好产品。

广电出版总署对直播行业也进行了高强度的监管，2016年9月9日，广电总局下发《关于加强网络视听节目直播服务管理有关问题的通知》，重申未持有"信息网络传播视听许可证"的直播机构不得开展相应的直播业务，直播平台需要持证运营。

通知发布时，绝大多数直播平台均未办理"信息网络传播视听许可证"，面临停播风险。这一政策出台后，直播平台纷纷响应政策，积极进行行业自纠和筛查，使直播行业得到了净化。

2018年，网络直播互动答题开始流行，很多平台都推出了直播答题节目。这类节目吸引了很多网民参与，同时也带来了一些不容忽视的社会问题。其中的部分内容经常出现导向偏差，甚至格调低下，不符合社会主义核心价值观。广电总局迅速应对，发布通知，要求对已开展的网络直播答题活动进行清理整顿，并将日常监管、定期巡查与网民举报结合起来，对违法违规问题"即发现、即处置"，进一步规范网上传播秩序，防范社会风险。

通知出台后,新闻出版广电部门便联合各级有关部门,对已开展的网络直播答题活动进行清理整顿,加强对合规网络直播答题活动的监管,引导业态有序平稳发展,防止过度炒热。

随着时代的发展,广电总局的监管手段也随之进步,把日常监管、定期巡查与网民举报结合起来,建立方便广大网民参与监督的举报制度,及时曝光典型案例,发现问题及时应对、迅速整改,监督整个游戏产业市场的发展与运行。

这些直播平台虽然未必都与电竞本身有直接关系,但是前车之鉴需要引以为戒。

5.2.5 网信办

1. 监管责任

网信办,全称为中国共产党网络安全和信息化委员会,成立于2014年。该领导小组着眼于国家安全和长远发展,统筹协调涉及经济、政治、文化、社会及军事等各个领域的网络安全和信息化重大问题,研究制定网络安全和信息化发展战略、宏观规划和重大政策,推动国家网络安全和信息化法治建设,不断增强安全保障能力。

网信办对移动端的手机程序也实施监管。2016年6月28日,网信办发布《移动互联网应用程序信息服务管理规定》,所有可以经由应用商店下载并且在智能手机上运行的手机应用都处于其监督范围内。规定要求,包括移动游戏在内的应用App需要遵循实名制,应用运营方需要内部审核应用信息,并将用户日志保存至少60天的时间。禁止诸如虚假广告、恶意侵权、恶意吸费和权限滥用等行为。国内的应用商店运营企业需提前至网信办备案,在实际的运营期间,应用商店还需要承担审核应用程序提供者的真实性、安全性、合法性等工作,并督促限制应用程序提供者包括内容侵权、应用权限的诸多行为。

近年来，网络直播服务发展迅速，年轻用户多，社会影响大。各类网络直播平台和网络主播应切实履行管理主体责任、社会责任和法律责任，自觉抵制和防范低俗恶搞、暴力色情、赌博欺诈等违法违规行为，为广大网民特别是青少年营造氛围良好、积极向上的网络直播空间。网信办也将履行其监督责任，持续针对网络直播违法违规乱象进行整治，积极引导网络直播平台和网络主播传播正能量，大力弘扬社会主义核心价值观，维护网络良好传播秩序，维护社会和谐稳定。

除了网络直播，在智能手机时代同样得到高速发展的移动游戏市场也受网信办的监督整改。

2．政策解读

网信办发布的《互联网直播服务管理规定》于 2016 年 12 月 1 日起开始施行，该规定要求，所有提供电竞游戏直播服务的平台，都应当全面落实实名制，对主播进行身份认证，登记其身份证、营业执照；对用户则采取登记电话号码等方式认证。同时，直播平台自身还应当建立直播内容审查制度，防止"暴、恐、黄"等违规内容出现在电竞直播中。

作为一项全民性的娱乐活动，主播的个人素质会对网民产生影响。主播应提高自身的专业水平和自身修养，避免传播不符合社会主义核心价值观的信息。一些主播公然传播涉毒歌曲，公开教唆粉丝辱骂他人，争相炫富斗富，发布低俗恶搞内容等社会影响极差的行为，遭到群众强烈反映。网信办根据《网络安全法》《互联网新闻信息服务管理规定》《互联网直播服务管理规定》（如图 5-5 所示）等法律法规，依法对相关平台和人员进行了处置。

图 5-5　网信办发布《互联网直播服务管理规定》

通过严格监管和治理，一段时间以来，关闭违规平台，依法封禁违规账号，删除有害弹幕和评论，净化了网络直播空间，使得直播平台能够为用户提供更好的服务。

虽然电竞行业本身依赖于年轻群体的不断加入和各种直播平台的衍生传播，但也需要进行合理的引导，营造和谐的网络环境，这也是摆在电竞活动相关各方眼前的一道难题。

第 6 章 从业

6.1　从业之路

6.1.1　电子竞技前景展望

在过去的几年里,电竞市场一直在飞速发展,产业链也在不断完善。2016 年,我国已经超越美国成为全球最大的游戏市场。根据艾瑞咨询发布的《2018 年中国电竞行业研究报告》显示,2017 年中国电竞市场整体规模突破 650 亿元。

同时,电竞拥有极高的人气。2017 年《英雄联盟》职业联赛 LPL 赛事观赛人次超过了 100 亿人,LPL 单场最高观赛人次超 1.4 亿人。

华尔街的麦考瑞研究小组对整个电竞行业进行了细致的分析后,得出结论:电子竞技现已成为世界第七大行业,随着赞助商和投资者的继续投入,电竞行业的影响力会进一步扩大。

可以说,电竞行业迎来了最好的时代。

在这种大趋势下,未来电子竞技行业的前景十分广阔。一方面,电子竞技行业迎来了难得的发展机遇,资本大量进入,市场不断繁荣。另一方面,电子竞技爱好者不断增多,对电竞内容的数量和质量都提出了更高的要求。在这样的背景下,整个电子竞技生态链都急需大量专门人才。根据腾讯电竞发布的《电子竞技行业人才供需调查报告》,目前整个行业中只有 15%的岗位人力充足,其余的大部分都处于不饱和状态。因此，电子竞技行业要想获得良好的发展，就要吸引更多人才加入。

目前，很多高校开设了电子竞技的相关专业。由于未来就业形势一片大好，很多电竞专业都非常抢手。以电子竞技解说专业为例，上海体育学院是国内首家开设电子竞技解说专业的院校，计划招生 20 名，报考人数则为 200 多名，报招考人数比例达到了 1:10。与传统的体育解说专业相比，报考人数不遑多让。该专业为本科全日制设置，学生将在 4 年的时间里接受传统的播音主持方面的训练，还要系统地学习电子竞技专业知识。学校和电子竞技公司达成合作，由后者提供电子竞技理论教材。

但是电子竞技教育的目的并非为了普及电子竞技知识，而是要为电竞行业提供一批在赛事管理、内容制作与传播、数据采集与分析乃至赛事解说等方面的专业人才。选择学习这些专业并且具备了核心能力的人，在未来的就业市场上将非常抢手。

以商业化运营最成功的体育赛事 NBA（美国职业篮球联赛）为借鉴，电子竞技行业要想获得更稳固的受众群，就要走上高度职业化的道路。职业化带来的是高度的商业化，会带动从明星经纪到粉丝周边等一系列生态链行业的发展。随着电子竞技运营品牌的不断增多，赛事不断推陈出新，人才的培养会更成体系，上升的空间也会更大。电子竞技+教育的模式，已经初见端倪，并将逐步走向成熟。

6.1.2　着眼未来，做好职业规划

电子竞技在发展的初期主要以竞赛为主，随着自身的不断发展，已经出现了各种衍生品，进而形成了一条内容丰富的电子竞技产业链。电子竞技已经摆脱了简单的"玩游戏"形象，成为了综合性的产业。因此，当我们在谈论到进入电子竞技行业时，也要根据自己的能力和兴趣做好职业规划，对主观因素和客观条件做细致的分析，从而为自身发展找到

清晰的方向。

电子竞技包含很多不同的专业,例如赛事的运营管理、俱乐部的经营管理以及产品开发和制作等。一个有志于从事电子竞技行业的人,应当从几个角度入手,对自己的从业之路做出规划。

1. 个人兴趣和特长

兴趣是最好的老师,也是在选择专业时首先应当考虑的因素。兴趣是一切工作发展的基础,如果想要在一个领域长期发展,对未来有更高的期望,就应该首先对工作产生兴趣。兴趣能够帮助人挑战自己,克服困难。

除了兴趣之外,特长也是一个关键因素。每个人擅长的方向都不同,要尽量选择与特长相关或相近的专业。扬长避短,能够充分发挥个人能力,带来更好的结果。

举例来说,如果对电子竞技有自己的理解,并且有一定的口才天赋,就可以选择电子竞技解说专业。如果对游戏内容感兴趣,并且有创新精神,具备一定的审美能力,就可以学习或从事游戏制作方面的工作。如果对视频网站上的各类剪辑有兴趣,就可以学习多媒体制作与传播。如果文笔出色,思路清晰,则可以在电子竞技传媒方面发挥自己的特长。

兴趣和特长不但能够帮助准备投身于电子竞技行业的人士做好规划,还能够在日后的学习和工作中有充足的信心,保持坚定的信念,从而得到更多的成就感。

2. 外部条件和期望

当然,在做职业规划时不能单纯考虑主观的兴趣和特长,还要考虑到外部条件对人的影响,例如社会因素和家庭期望等。虽然电子竞技在我国的社会风评正在朝积极正面的方向发展，但是仍然有一些声音认为，电子竞技不可以作为终身职业。有些家长认为学习电子竞技是不务正业，也有些地区整体偏向保守，若从事电子竞技行业，将面临很大的外部压力。因此，在做职业规划时要充分考虑到可能遭遇的阻力和困难，既要尽量满足个人兴趣和能力，也要兼顾其他因素，做出一定的取舍，保持均衡的发展。

3．职业发展和提高

当今时代，社会的分工不断细化，同时各行业之间不断相互融合，出现了很多跨行业的产业种类，电子竞技就是其中的典型代表。电子竞技包括了游戏行业、体育行业、媒体行业和服务行业等多种不同行业，需要从业者具备多种能力，同时也为之带来了更多的发展方向和更大的发展空间。规划自己的职业道路时，除了考虑本专业之外，还要综合考虑其他专业，为潜在的发展做好准备。要主动学习，扩大知识面，为日后跨行业发展做好储备。

无论在进入电子竞技行业之前，还是在工作中想要更进一步，都可以从以上三个方面入手，结合自身的实际情况和外部环境进行统筹分析，做出最符合需求的判断。

6.1.3 有针对性地培养个人能力

职业规划是进入电竞行业的基础。确定未来的职业方向之后，就要做好相应的准备工作，有针对性地培养相关的能力。唯有如此，才能在未来的行业竞争中占据优势。

对于电子竞技行业来说，有几种能力是必须具备的。

首先，要具备高效沟通的能力。从体育运动和职业角度来说，电子竞技都是需要团队协作的行业。个人能力固然非常重要，但是要通过和其他人的分工合作才能发挥最大值。只依靠自己，无法应付繁杂琐碎的工作流程。因此，良好的沟通能力是在电子竞技行业中必备的素质和前提。

其次，要具备调节压力的能力。电子竞技行业是一个资金和劳动密集型的行业，其中的劳动除了管理、策划等脑力劳动之外，还要面对高强度的体力劳动。例如比赛场馆的布置，赛事的策划和组织，以及短时间内参与大量宣传活动和商业活动等，都是对体力和耐力的考验。在这种情况下，要承受巨大的工作压力和心理压力。调节压力的能力，就成了是否能坚持工作的关键因素。

最后，要具备精益求精的能力。一件好的工作，和一件完美的工作，区别就在于后者拥有更好的细节。在电子竞技产品同质化日益严重的今天，更加精致和诚恳的细节，能够使工作更受认可。因此，要想从事电子竞技行业，就应该不断对自己提出更高的要求，不放过任何一个细节，精益求精。

以上几种能力是特别需要重点关注和提升的能力，是能够在电子竞技行业安身立命之本。除此之外，在这里还要纠正一些常见的误区。

误区一，游戏水平高，代表电子竞技工作水平高。对于初入电子竞技领域的人来说，很容易产生这样的错误认识，认为自己的游戏玩得好，工作当然就会做得好。实际上，之所以会产生这样的误解，主要是因为对标职业电子竞技选手，认为游戏水平决定一切。实际上，对于职业选手来说，游戏已经脱离了娱乐的范畴，而是通过科学训练培养出的体育技能，与平时所说的"玩游戏"不可同日而语。同时，电子竞技领域中的很多工作与游戏本身完全没有交集。因此，游戏水平与工作水平无关。

误区二，技术贵精不贵多。在很多领域，专精一门技术确实是非常必要的。但是正如前文所述，电子竞技是一个横跨多种行业的综合性行业，需要的专业知识和能力是多样化的。举例来说，产品开发人员不但需要编写代码，还要具备艺术上的审美能力和对市场的判断能力。因此，在电子竞技行业中不能只精通一门技术，要兼收并蓄。

误区三，可以边学习边实践。电子竞技行业需要多部门协同，多人配合。如果一个团队中出现了明显的短板，就会拖累整个团队的进度。因此，如果对一门新知识的掌握程度不够深入，就要继续学习，直到通过职业资格的考察之后再从事相关的工作。这既是对自己负责，也是对团队负责。

6.2 现状

6.2.1 对策

为了解决电子竞技产业人才缺失的问题，我国已经从政策层面对电子竞技逐步放开。很多高校开设了电子竞技专业，提供专门的电竞教育。学校作为培养人才的基地，正在逐步加大教育力度。

电竞教育提供的不仅仅是与电子竞技相关的专业知识，还在通过自身的努力来改变电子竞技面临的环境。要给接受教育的学生们以积极正面的引导，促进他们更好的学习。各学校也在探索更多的教学方式，结合电子竞技带来的新理念，反思在传统教育中存在的问题。在教学过程中，不再只强调枯燥的理论，而是理论与实践相结合，用更新颖、更灵活的方式，来培养学生的学习能力，使之不但能够掌握知识，还能在未来不断充实和提高，用自身的影响力带动更多人爱好电子竞技，投身电子竞技。

我们知道，电子竞技产业具有层次分明的特征。其中，游戏开发商和运营商为产业链上游，赞助商、投资方为产业链下游。电子竞技赛事的主办、运营机构，各大俱乐部以及经纪公司，作为在电子竞技产业链中承上启下的关键一环，要起到联通上下游的作用。要与教育机构进行充分合作，产学研结合，使人才真正找到能够发挥作用的合适岗位。

电子竞技教育得到了长足的发展，各地也提出了相应的扶持政策。近年来，很多地方政府都提出了打造文化产业的规划，而电子竞技产业作为新文化的代表，正受到各地的青睐。例如，银川举办了 WCA 世界电子竞技大赛，WCG 则两次在昆山举行。电子竞技小镇作为一种新兴的文化综合体，如雨后春笋般相继出现。

2018 年 8 月 4 日，在上海召开了全球电子竞技大会。在会上，上海浦东提出建设"上海电子竞技产业发展核心功能区"，凭借上海自贸区的区位优势，整合电子竞技产业链、价值链和服务链，全面支持电子竞技在上海的发展。

上海市新闻出版局局长徐炯表示，要深入推进"全球电子竞技之都"建设。以电子竞技行业促进文化行业，打造上海的文化名片。这是地方政府对电子竞技进行政策扶持的典型代表。

6.3 如何成为一名电子竞技职业选手

电子竞技的热度不断上升，很多有志于投身电竞的青少年都渴望成为职业电竞选手，在赛场上展示自己的能力。那么，要想成为一名职业电竞选手，要具备哪些条件呢？电子竞技是一种体育运动，因此职业电子竞技战队和传统体育队伍一样，都要对成员进行筛选和训练。

首先，要对电子竞技选手进行选拔。选拔的方式分为线上选拔和线下选拔。

　　线上选拔，是指在网络上的选拔。职业电子竞技俱乐部会随时关注各大知名网络对战平台，根据玩家排名和战绩进行筛选，选出合适的人选。对那些能力出众且具有很大发展潜力的业余玩家，俱乐部往往会发出邀请，提供考核和训练的机会。如果玩家顺利通过考核，并且愿意继续在电子竞技领域发展，则会接受训练，由业余玩家转向预备选手。预备选手要随时接受进一步的考核和筛选，最后通过层层考验的精英，则将成为职业选手。

　　以我们熟知的 Sky 为例。Sky 在接受正规战队训练之前，就是西安的顶尖玩家，备受瞩目，并通过各大赛事证明了自己的实力，培养了面对各种局面时的心态，为日后成为职业选手提供了有利条件。

　　线下选拔，则是对电子竞技运动有兴趣和能力的玩家，采用线下报名或者电竞比赛的形式，通过俱乐部的考核之后，进入俱乐部接受系统训练。二者的区别在于，线下选拔是玩家主动和自愿投入训练，而线上选拔主要通过俱乐部邀请的形式。电子竞技选手日益年轻化，希望成为职业电竞选手的，很多都是只有初中或同等学力，面临升学或就业选择的青少年。低龄玩家报名参加线下选拔时，俱乐部通常会与家长进行沟通，得到家长同意之后再进行选拔和招收。

　　玩家进入俱乐部之后，会接受十分严格的训练。很多人会有这样的误解，认为电竞选手每天的生活就是打游戏，非常轻松惬意，因此非常憧憬。但是真正成为预备选手之后，就会发现情况并不如想象中那样美妙。

　　要成为一名职业电竞选手，离不开科学、勤奋的训练。对于职业电竞选手来说，训练并不仅限于技术训练、体能训练、心理素质训练、知识训练也很重要。

通常来说，除了接受一定的文化课教育之外，一名预备选手要进行每周六天、每天长达 12 小时的高强度训练。训练的内容非常枯燥，重点在于提升操作水平。俱乐部还配备有专门的教练，针对学员的特点制定不同的训练方案，进行战术方面的指导。因此，这绝不只是简单的玩游戏，而是和传统体育项目类似，通过不断挖掘自身潜力，实现更高的目标。

在训练的初级阶段，学员基本没有参加比赛的机会。要经过一段时间的训练并通过俱乐部的内部考核，才可以参加一些低级别的比赛，熟悉赛场氛围，树立积极进取、不怕失败的良好心态。

职业电子竞技的门槛看似很低，只要有一台配置不算太差的电脑，就可以上手。但是想要成为职业选手，要付出常人难以想象的努力。当下，电子竞技行业竞争非常激烈，成为一名职业选手，在电竞行业里门槛是最高的。我国目前大概有几千万赛事参与者，但真正的职业选手只有几千人。所以，要成为一名职业电竞选手并不容易，不但要有非同一般的天赋，有勇于拼搏、渴望胜利的精神，还要有勇于面对困难和寂寞的韧性和耐力。因此可以说，仅仅有梦想是不够的，更要不畏艰险、持之以恒，经过重重考验，才能实现梦想。

6.4　人才缺口

1. 人才缺口大，专业性不足

尽管电竞产业已经有了几十年的发展历史，电竞教育也蓄势待发，对于二者而言，有一个共同的难题——"专业化"。尽管从业人员不少，然而却很少有专业对口的。

一个新兴产业的发展离不开数量充足的人才的支持。电子竞技的相关人才并不单单是职业选手。一个产业的内部结构是极其复杂的，每一个环节都需要专门的人才来运作。互联网公开数据显示，电竞行业现有从业人员仅 5 万人次，而人才缺口则达到 26 万人次，需求职位方向达 36 个，包括电竞赛事运营、电竞心理分析师、电竞数据分析师及电竞管理人员等多个专业岗位（如图 6-1 所示）。

图 6-1　电竞人才缺口已达 26 万（数据来源：伽马数据）

一方面，多年来，电竞行业承受着巨大的舆论压力，这导致很多择业者不敢从事电竞相关工作；另一方面，从电竞产业角度来看，随着电竞行业近几年的爆发，行业前景和人才缺口吸引了大批从业者，然而现有从业者在专业性上并不能满足行业需要。目前，大多数的电竞从业人员都没有经过相关专业的学习或正规技能培训，他们要么是职业选手转型，要么是因为兴趣爱好而加入，无法满足电竞行业的发展速度，甚至会产生负面事件，影响社会对电竞行业的认知。

2. 电竞产业急需专业人才

实际上，国内当前的电竞专业的就业前景并不灰暗。当前各类热门电竞赛事所创造的现象级流量，以及其背后所蕴藏着的商业价值实在令人难以忽视。但随着行业超高速的发展，电竞产业基础薄弱、理论匮乏等缺陷也被一一暴露出来。电竞要发展成熟稳定的产业，必须以高度专业化为根基，图6-2是上海戏剧学院电竞人才培训新闻发布会现场照片。

图 6-2　上海戏剧学院电竞人才培训新闻发布会

国内的电竞俱乐部从2010年发展至今，其数量从30家增至数千家。但这数量庞大的电竞俱乐部也是鱼龙混杂。竞技水平的差距加上职业素养的缺失，寻根溯源，我们会发现行业内尚未形成一个成熟的职业选手培养体系。对于顶级的电竞俱乐部来说，打造训练体系的工作已经展开，而腰部和尾部的新兴战队因为资源所限，要想在这一领域进行大规模的投入还有一定的困难。今年涌现出来的很多电竞培训机构，都在努力解决这个问题。

职业选手只是电竞产业链中的一个环节，行业想要稳定发展，离不开专业人士打造更成熟的商业生态模式。而在未来随着电竞产业的发展，电竞人才的流向也会逐渐产生分化，输入到各个领域：可以是政府机关担当游戏行业管理者；可以进入游戏相关的企业；也可以创业，创作自己的游戏产品，或者组成战队等。

目前电竞行业缺乏客观评价标准，为减少试错成本，企业人才多是靠推荐，缺乏人脉的新人很难进入电竞行业。而行业内真正所缺乏的人才，需要既懂电竞，又有专业技能，因而行业准入门槛很高，其他行业人才的涌入并不能真正匹配行业需求。要解决这一问题，建立电竞专业人才培养体系是关键。在电竞教育培训中所学到的知识必须要可以运用到实际的俱乐部、赛事运营和管理中，而不是停留在理论知识平面上。赛事组织、选手培养、俱乐部管理、数据分析、教练、解说等岗位，最后其实都是在考察逻辑分析能力、播音专业技能等从业者的核心能力，尽管热点行业的需求可能会有所变化，对于具备这些核心能力的人才的需求是不变的。

近年来电竞行业快速发展，专业人才培养是电竞产业发展的趋势与刚需。正是察觉到了这一点，国家教育部随之增开了"电子竞技运动与管理"专业。对于所有有志于从事电竞行业的年轻人和业内不断奋斗的从业者而言，都意味着更多的提升可能和发展机遇。

6.5　岗位方向

电竞行业有巨大的人才缺口，学历教育放开后，在一定程度上弥补了原有培训体系的不足。首先，电竞学历教育的出现代表了国家对电子竞技的一种认可，也代表了社会对电子竞技认知开始转变；其次，正规化学历教育所提供的学历证书可以作为电竞人才评价的标准之一；最后，长期培养不同方向的电竞相关专业人员，也可以满足电竞行业多样化岗位的需求（电竞从业人员数据如图 6-3 所示）。

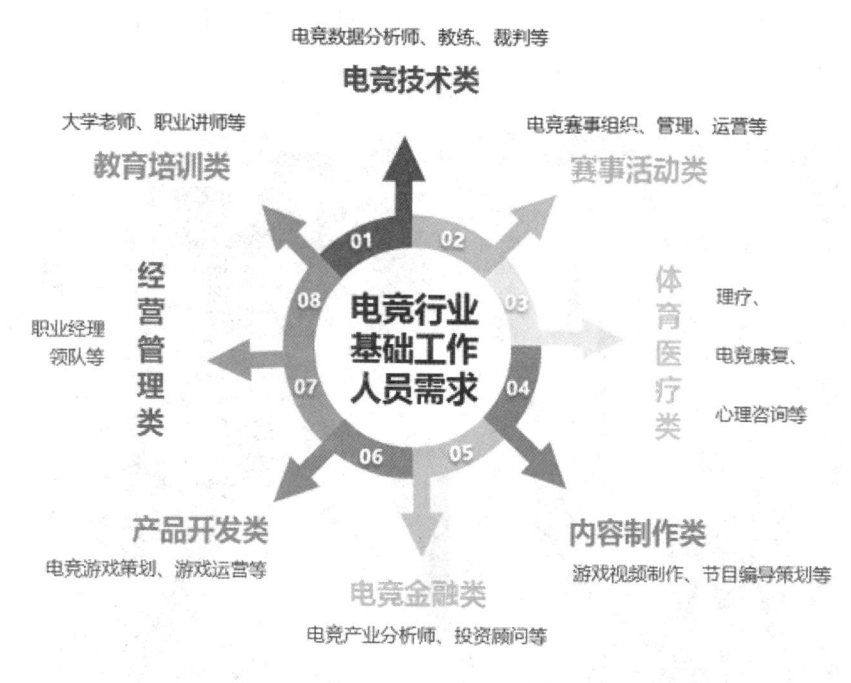

图 6-3 电竞从业人员数据

电竞学历教育可以分为高职院校的电竞专业和本科院校的专业下电竞方向两大类，学生通过统招报名，学制为 2～4 年。高职院校就业导向明显，注重实训；本科院校则按照本科教学体系培养。

电子竞技行业的从业人员，可以分为如下几个大类。

1. 电竞技术类

电竞技术类岗位包括电竞数据分析师、教练和裁判等。这些岗位要求从业者详细了解电子竞技的操作规则和运营模式，甚至参加过相关赛事。

数据分析师，对各类数据进行搜集，包括比赛数据、英雄数据、选手习惯数据等。以《英雄联盟》为例，需建立"比赛规则-版本-英雄-使用选手"的联系，让选手从不同策略之间的数据中看到差距（数据分析师对《英雄联盟》比赛的分析热点图如图6-4所示）。

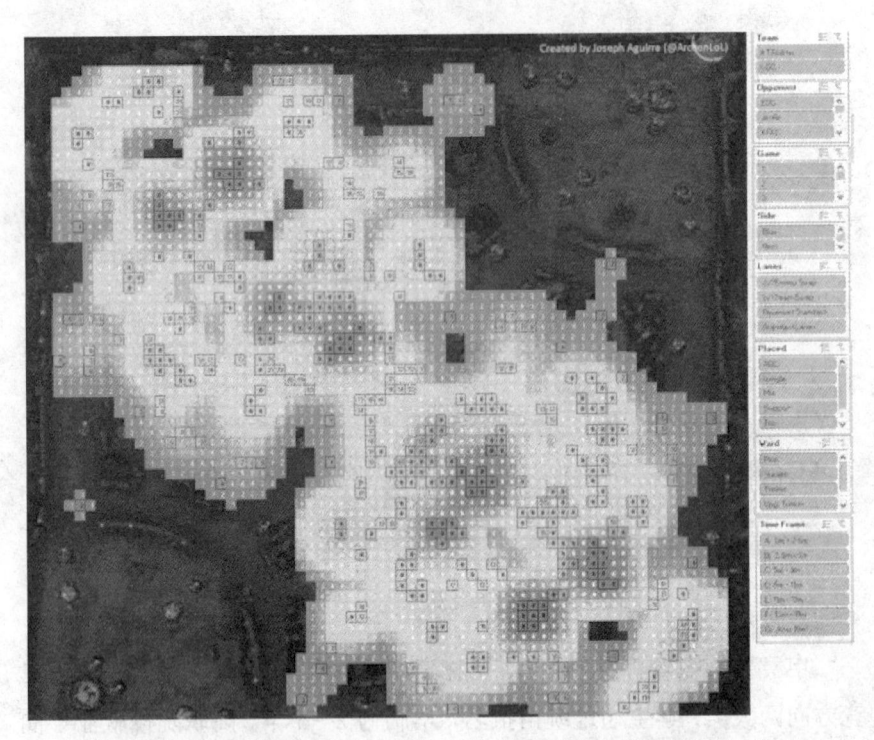

图6-4 数据分析师对《英雄联盟》比赛的分析热点图

教练，一般由退役选手担任，有丰富的比赛经验，能够对选手进行系统训练，并能总结出体系。教练要陪伴选手，和选手共同进步。教练应当通过专业有效的训练，根据选手的反馈和习惯，制定符合选手特质的训练方式，激发选手独立处理各种问题的能力。

裁判，目前以人工裁判为主、电子裁判为辅。人工负责检测选手外设，比如，是否在鼠标键盘中安置了作弊工具，核实电竞选手是否为代打，近距离观看选手比赛，对选手行为进行监视。

2．赛事活动类

赛事活动类岗位包括电竞赛事组织、管理和运营等。

电竞赛事组织人员，合理制定赛制。首先，要注意客观条件，计算比赛持续的天数、时长，所需要的人力、设备和参赛者，以及预算。其次，要充分了解比赛项目的特点。最后，评估每支队伍参与的比赛场次是否足够，图6-5为赛事工作人员正在为比赛舞台设备进行调试。

图6-5　赛事工作人员正在为比赛舞台设备进行调试

电竞赛事管理人员也被称为"战队保姆"，是为参赛的战队和选手服务的，需要处理许多琐碎的事务，因此，应当具备一定的统筹能力和协调能力。

电竞赛事运营人员，完成赛事的组织、执行和开发工作，控制项目的工作进度等。在赛事现场统筹执行工作，快速解决现场面临的问题。

3. 体育医疗类

体育医疗类岗位包括理疗、电竞康复和心理咨询等。

心理咨询师，具有相关心理健康工作的资质，能够帮助队员解决好各个阶段及比赛中遇到的各种心理问题，帮助选手解决困惑，对比赛中的压力进行缓解。图 6-6 为体育医疗类—心理咨询插图。

图 6-6　体育医疗类—心理咨询插图

理疗师，用物理疗法帮助电竞选手治疗身体损伤，缓解疲劳和受伤等生理症状，恢复和重建日常生活和训练能力的专业治疗师。现在，一些知名战队都为选手配备了心理咨询师和理疗师，但是仍然有很大的需求缺口。

4. 内容制作类

内容制作类岗位包括游戏视频制作、节目编导策划等。图 6-7 为电竞内容数据分析插图。

图 6-7　电竞内容数据分析插图（艾瑞数据提供）

游戏视频制作人员，要在比赛中收集各种不同角度的素材，选择其中的精彩部分制作成视频节目，供各个渠道播出。无法现场观战的电竞爱好者，只能通过游戏视频了解比赛，因此视频制作是非常重要的专业技术岗位，一些专业的电竞自媒体和电竞节目同样也需要大量的内容制作人员进行服务。

5. 电竞金融类

电竞金融类岗位包括电竞产业分析师、投资顾问等。

电竞产业分析师有别于电竞数据分析师，其工作任务是对整个电竞市场进行分析，根据各项统计数据判断当前的市场形势，并对未来进行合理的预判，为管理层制定战略目标提供参考依据。

投资顾问，判断电竞产业发展形势，对某一具体领域进行估值，为投资提供参考依据。

6. 产品开发类

产品开发类岗位包括电竞游戏策划、游戏运营等。

电竞游戏策划，要求对游戏有深刻的理解，并对游戏进行科学的分析，撰写策划文档，列举系统功能，整理视觉素材，并倾听玩家的反馈和意见，对游戏做出修正与改善。

游戏运营人员，要在游戏的整个生命周期中，有计划地实施产品的运作策略，通过各种宣传和营销手段，使玩家了解并热爱游戏，最终带来经济收益。

7. 经营管理类

经营管理类岗位包括职业经理、领队等。

领队，负责统筹选手的日程，包括训练、比赛和生活，同时做好选手的管理工作。

职业经理，负责管理整个团队的日常活动，做出科学合理的规划，处理战队内部的各种事务，保证选手们能以最好的状态参加比赛。

8. 教育培训类

教育培训类岗位包括大学老师、职业讲师等。这类人员主要是为电竞教育领域服务的，目的是培养更多符合电子竞技行业需求的职业人才。

大学教师主要是在传统高校教育方面的工作者，通过一定的培训，了解电子竞技相关知识和需求后，能够对学员进行相关技能的培养。

职业讲师主要是由电子竞技从业者来担任，由于他们拥有长期的行业经验，能够带给学员第一手的行业经验和行业动态，帮助学员在毕业后能够更好地融入快速变化的电子竞技行业。

第 7 章 价值

电子竞技产业在中国正处于高速发展阶段，职业选手在大型国际赛事上的成绩越来越好，电子竞技受到的社会关注度也随之增高，国家政策也提供了更多的支持。同时，电子竞技的受众也越来越多，各类官方赛事和民间赛事层出不穷，也有越来越多的国际赛事将举办场地选择在中国。不知不觉中，中国已经成为了全球最大的电竞市场，面对这种情况，中国电子竞技产业也乘着电子竞技热潮在全球范围内的迅速扩张，试图在国际舞台上发挥更大的作用。

图 7-1 为电竞亚运会上 RNG 以 3∶1 骄人的成绩击败韩国队夺下桂冠照片。

图 7-1 电竞亚运会上 RNG 以 3∶1 骄人的成绩击败韩国队夺下桂冠照片

7.1 经济价值

电竞产业拥有巨大的潜在经济价值。经过多年发展，电竞行业已经形成了一条从游戏授权到内容生产、制作再到传播的完整产业链，将带动内容制作、授权、分发、赛事运营、传播、监管、教育培训、专有设备研发等一系列相关产业链的全面发展。

7.1.1 赛事

赛事是直接以电子竞技活动为核心的经济组织活动。

从《2016 中国游戏产业报告》数据可以看出，当年我国的电竞用户数量已经达到 1.24 亿，生产总值达到 269.1 亿元。电竞产业的飞速发展背后自然离不开政府的大力支持，2017 年，李克强总理曾在国务院常务会议上指出："要出台加快发展健身休闲产业指导意见，因地制宜发展冰雪、山地、水上、汽摩、航空等户外运动和电子竞技等"。自此开始，中国的电竞赛事势头迅猛。

越来越多的电竞赛事受到快消品牌的赞助。比如，快消巨头可口可乐公司旗下的雪碧成为腾讯主办的《英雄联盟》职业联赛 LPL 的官方赞助商；知名的运动饮料品牌红牛曾赞助 2016《英雄联盟》德玛西亚杯总决赛。赛事技术的发展也为赞助形式提供了更多的选择空间，除传统的冠名之外，通过增强现实在游戏场景内植入品牌等方式也受到广告赞助商的喜爱。

另外，游戏版权的售卖也提升了电竞游戏的商业价值。2016 年年底，美国拳头游戏公司宣布与迪士尼注资的 BAMTech 视频直播公司达成合作意向。BAMTech 将预支 3 亿美元（约合人民币 20 亿元）用于获取《英雄联盟》电竞联赛 2017 年至 2023 年的转播授权。天价的授权费也证明了电竞赛事已经吸引了广告和媒体的注意力，社会大众对电竞赛事的态度发生了变化。而电竞赛事也正朝着传统体育赛事方向发展，其商业价值将得到大幅度的提升。

相关数据显示，2017年我国电竞用户达到2.2亿人，另有潜在用户4.3亿人。有着如此庞大的用户基础，更需要打通传播渠道的壁垒之后，使电竞赛事得到更为广泛的传播。

以年轻人为主体的电子竞技受众具有十分可观的消费能力，对自己喜爱的游戏、支持的电竞选手也有着很高的认同感，因此可以大力发展粉丝经济，推出相关周边，甚至与电影、动漫、游戏制作等行业合作，开发电竞产业IP。同时可以在新媒体平台上，通过电子商务、节目制作等方式将明星选手的影响力转化为商业利益。用这样多方联手、跨界合作的方式，形成投入、收益与再投入的产业良性循环机制。

7.1.2 游戏

1. 游戏本身

2017年，中国的电竞市场规模突破650亿元（如图7-2所示）。其中移动电竞游戏市场份额大幅度得到提升，与端游电竞游戏市场占比基本持平。未来，移动电竞仍有进一步的增长空间。移动电竞的爆发式增长，主要得益于从未接触过电竞游戏的新用户，这些用户为电竞的衍生市场带来了巨大收益。

最近几年，游戏产业朝着更多元化的方向发展。其中，不但电子竞技市场有了长足的发展，游戏和文学、影视和动漫等领域也有了更多合作，在2017年创造了高达745亿元产值。另外，二次元文化也为游戏贡献了近160亿元。我国过去是游戏的纯进口国，现在，一些游戏也开始大胆走出去，创收达80多亿美元。

中国电竞市场规模

2017年整体市场规模突破650亿元

2017年中国整体电竞市场的增长主要来自于移动电竞游戏的爆发。另一方面,尽管电竞生态市场整体规模较小,但是其规模占比也在不断上升,预计2019年将会达到138亿元的市场规模。

2015-2019年中国电竞整体市场规模

年份	市场规模	增长率
2015	306.2	
2016	411.1	34.3%
2017	655.4	59.4%
2018e	862.7	31.6%
2019e	993.0	15.1%

■端游电竞游戏市场规模(亿元)　■移动电竞游戏市场规模(亿元)
■电竞生态市场规模(亿元)　——整体电竞市场增长率(%)

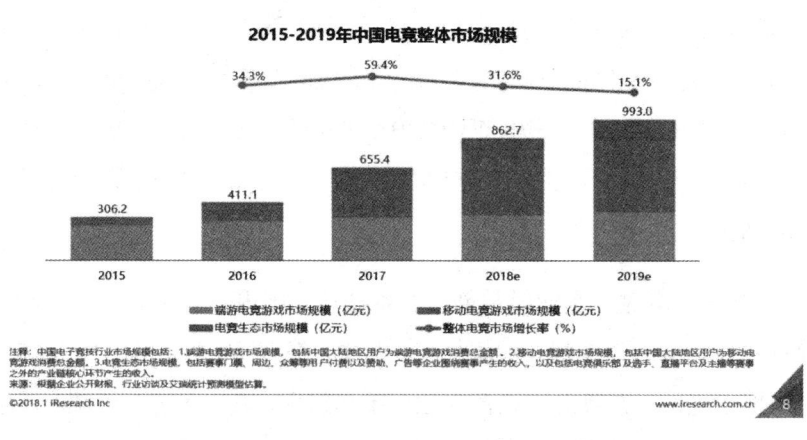

注释:中国电子竞技行业市场规模包括:1.端游电竞游戏市场规模,包括中国大陆地区用户为端游电竞游戏消费总金额。2.移动电竞游戏市场规模,包括中国大陆地区用户为移动电竞游戏的消费的金额。3.电竞生态市场规模,包括赛事门票、周边、众筹等用户付费以及赞助、广告等企业因赛事产生的收入,以及包括电竞俱乐部与选手、直播平台与主播等赛事之外的产业链核心环节产生的收入。
来源:根据企业公开资料、行业访谈及艾瑞统计预测模型估算。
©2018.iResearch Inc　　www.iresearch.com.cn

图 7-2　中国电竞市场突破 650 亿元(来源:艾瑞数据提供)

  游戏市场的空白不断被填补,玩家的游戏体验越来越丰富,电竞产业在自身得到发展的同时也为衍生市场及其他环节带来更多机遇。比如,在游戏市场发展早期就为通信行业、互联网信息行业及传媒等行业带来明显的经济效益。

  更加娱乐化、低门槛的游戏产品逐渐受到主流市场的青睐,将成为国内电竞游戏产品的发展趋势。例如,热门游戏《绝地求生》通过完善游戏模式提升用户的游戏体验,同时通过降低游戏门槛来覆盖更多的游戏用户。随着《绝地求生》的走红,战术竞技类、求生类游戏开始大规模出现。

  《绝地求生》的绝大部分用户是依靠口碑传播不断增长的,老用户会带动新用户一起加入游戏队伍。另一部分用户是在观看了游戏视频之后产生兴趣,进而亲自尝试。由于《绝地求生》对计算机的硬件配置要求较高，超过七成用户因此升级了计算机设备，这间接带动了计算机产业的发展。

虽然战术竞技类手游进入移动端不久，但由于技术较为成熟使得游戏整体呈现出高质量画面，以及流畅的操作系统，从而获得了用户的较高评价。这也从侧面反映出移动游戏市场依然存在巨大的需求。尽管移动端的游戏类型层出不穷，但 MOBA 类型依旧占领市场主流。而在休闲的电竞细分市场中，类似《球球大作战》这种以休闲为主、带点轻度竞技性的游戏也吸引了大量用户。

和游戏有关的企业经常创造资本神话。国内知名游戏生产商和运营商在 2017 年的收入都有大幅增长。其中，拥有《英雄联盟》《王者荣耀》《绝地求生》等游戏的腾讯营收达到千亿级别，其中《王者荣耀》单项进账超过 300 亿元。网易游戏在 2017 年的营收也超过了 360 亿元。盛大游戏虽然没有了往日的辉煌，仍然收入了 50 亿元。

据《2017 年中国游戏产业人才薪资调查报告》显示，游戏开发和运营等相关从业人员均收入不菲，平均月收入达到 1.2 万元，在所有职业中薪酬排名前列。随着电竞产业的继续发展，游戏行业仍将创造更高的经济价值，为个人和社会带来更多收益。

2. IP 授权

IP 是游戏的重要组成部分，对于玩家来说，游戏是否好玩很关键，但有一个好的 IP 更是吸引他们的重要因素。一个超级 IP 的作用，不仅仅是吸引国内玩家，更能将游戏推广到全球范围。以 2014 年上线的《太极熊猫》为例，多年来，该游戏一直占据 App store 畅销榜前 50 名，其风靡程度经久不衰。游戏出品方表示，《太极熊猫》中的 IP 在设计阶段综合考虑了国内和国外玩家的喜好，所以不但受到了国内玩家的喜爱，在国外也取得了不错的成绩。

超级 IP 的一个判断依据，就是它的关注度。以《英雄联盟》为例，S6 全球总决赛总观看时长达到 3.7 亿小时，累计独立观众达到 3.9 亿人次。这样高的关注度，自然会让游戏成为超级 IP。

超级 IP 不仅备受关注，也赢得了广大玩家的一致信任。这种信任带来的商业价值，也是难以估量的。以 TI6 为例，TI6 的总奖池高达 2 000 万美元，其中主办方提供的基础奖金只有 160 万美元，其余奖金都来自玩家。这不仅说明了赛事具有足够的吸引力，让观众自愿消费，也说明观众愿意相信主办方将收入的一部分放入奖池的承诺。

超级 IP 能够让电竞赛事周边产品的商业价值大幅提升。仍然以《英雄联盟》为例，它的官方周边商城中出售的五十多类商品中，包括雕塑、手办、毛绒玩偶、服饰、海报艺术等，以满足不同玩家的需求。这些周边商品的销量很高，售后评价良好，带来了可观的收益。

正因为超级 IP 具有独特的魅力，能够带来惊人的流量，以其为基础的电竞赛事才能拥有如此巨大的影响力。超级 IP 带来的不仅仅是巨大的商业价值，还有崭新的销售模式和推广渠道，这些革新使电竞具备了超越传统体育项目的潜力。相信在不久的将来，电竞赛事的商业价值能与 NBA、世界杯等顶级体育赛事平分秋色。

7.2　文化价值

7.2.1　文化认同

文化认同是对一个群体或文化的身份认同，又或者是指个人受其所属的群体或文化影响，而对该群体或文化产生的认同。亨廷顿曾指出，不同民族的人们常以对他们来说最有意义的事物来回答"我们是谁",即用"祖先、宗教、语言、历史、价值、习俗和体制来界定自己",并以某种象征物作为标志来表示自己的文化认同,如旗帜、十字架等。亨廷顿认为"文化认同对于大多数人来说是最有意义的东西"。

电子竞技的文化认同主要表现为以下三点。

第一,由于电子竞技是一项门槛很低的竞技项目,来自世界各地的玩家,可以在任何时间、任何地点参与其中。就算没有职业选手那么专业,也可以获得同样的激情和快乐,这是电子竞技所拥有的一种参与的力量。同时,电子竞技还具有一种亲民的特质,玩家们在竞技过程中一同经历胜利和失败,相互竞争也相互帮助,这种游戏内的社交和参与建立起的社会联系同样牢固。

第二,电子竞技所蕴含的"参与的力量",或许人们并不像运动员那么专业,但可以在电子竞技中投入同样的激情,享受同样的快乐,极低的参与门槛使得电子竞技在参与度上超过了以往任何一种体育竞技运动。

第三,电子竞技所具备的亲民特质,使得电子竞技场景中所建立的社会联系更为牢固与积极,人们一起参与电子竞技,经历高潮和低谷、喜悦和困难,帮助他人成功,与他人竞争。参与、社交、共享、竞争的文化价值在电子竞技上已经初见端倪,随着电子竞技逐渐发展为主流大众文化,会有更多人参与进来,不断创新和探索电子竞技的潜力,保持电子竞技的文化价值,发挥电子竞技在新文化领域中的积极作用。

7.2.2 文化传播与交流

很多时候,不同文化的交流融合能带来更好的效果,如美国国家橄榄球联盟冠军赛——超级碗(Super Bowl)上,就会请来大牌明星在中场秀的舞台上进行表演。随着电子竞技产业的发展,电竞也开始注重起

第 7 章　价值

内容打造，通过与电影、音乐、直播、周边产品等其他文化领域的结合，提供更多与电竞相关的文化娱乐享受，同时还能扩大电竞在文化领域的产业链，帮助电竞产业在更大范围内传播文化正能量。

目前，我国在这方面已经进行了多次尝试，2017 年第 2 届《刀塔 2》亚洲邀请赛上，主办方完美世界就请来了羽泉组合来到现场献唱；2018 年第 3 届《刀塔 2》亚洲邀请赛上，不但请来了张杰献唱，还通过现场互动向玩家赠送围棋礼品，通过将传统文化与电竞赛事的结合，实现了正向文化输出。

随着电子竞技从小众亚文化向大众主流文化的转变，越来越多的人参与其中，不断探索和发掘电子竞技更多的潜力和文化价值，电子竞技已经成为了互联网情感交流方式的一种。

有学者提到，电子竞技是世界文化交流的一门新兴语言，通过电子竞技这个全新的窗口，中国能够向世界展现更多的具有中国特色、体现华夏智慧与精神的文化载体，凭借这种方式，能够让中华文化走出去。

电子游戏是伴随着互联网的发展而产生的，所以其同样具有互联网所拥有的包容这一特性，如《刺客信条》这类有系统历史考证的游戏与《黑暗之魂》这类富有想象力的游戏能够同时存在，并且游戏不会区别对待各阶级各文化水平的玩家。这样的特性令游戏能够包容各类不同形式内容的嵌入与融合，这对于各类玩家能够对游戏产生相应的信任感，由此可以形成世界范围内文化的广泛传播。电竞行业的兴起，促进了不同国家玩家之间的交流与信息传递，从而构建起世界范围内的交流平台，这对于文化的交流与传播效率有着极大的促进作用。

电子游戏之所以被称为"第九艺术"，是因为它拥有其他艺术形式所不具备的互动性，也就是说游戏的交流是双向的。中国作为文明古国，其悠久的历史和传统文化既是一种文化优势，也是文化传播的阻碍。外国人了解中国传统文化一般都是通过书面或者其他艺术形式，这种单向的交流往往会面临许多困难，烦琐的语言体系和复杂的社会文化让他们望而却步。但是将传统文化与游戏相结合，用这种更加轻松和现代化的形式作为文化传播的载体，可以消除因为语言和文化所带来的畏惧感，吸引更多的海外玩家来进一步了解中国。如何利用游戏的互动性打开世界了解中国的新途径，是在未来中国游戏产业需要思考的议题。

在这方面，腾讯作为中国著名的电竞游戏研发商已经有了自己的探索。要想进行文化传播，游戏的文化性和互动性是必不可少的。在《王者荣耀》中，我们可以看到大量传统文化的体现，不管是故事背景设定还是美术动作都具有浓厚的中国风格，许多游戏人物诸如赵云、诸葛亮也都是由历史人物加工改编而成。同时，游戏选择了当前正热门的MOBA游戏类型，可以吸引大量玩家，团队对抗的游戏形式也利于玩家和玩家之间的深层互动。

党的十九大报告中指出，要健全现代文化产业体系和市场体系，创新生产经营机制，完善文化经济政策，培育新型文化业态。广泛开展全民健身活动，加快推进体育强国建设，筹办好北京冬奥会、冬残奥会。加强中外人文交流，以我为主、兼收并蓄。推进国际传播能力建设，讲好中国故事，展现真实、立体、全面的中国，提高国家文化软实力。

金山软件出品的3D武侠角色扮演类游戏《剑侠情缘网络版叁》，利用了很多渲染技术和特效场景，在游戏中再现了一个经典的武侠世界。游戏开发者有意识地在游戏中设置了很多中国风的元素，例如诗词对答、饮酒文化、茶道、古代音乐和舞蹈等，让玩家仿佛置身于大唐盛世。

游戏是文化的有机载体，另一方面，在我国举办的电子竞技赛事中也能展现出中国特色。在赛场布置、节目创意和奖杯奖牌设计上，都可以别出心裁，融入中国文化的特点和内涵。除此之外，线下赛事还能吸引大量外国电子竞技选手和观众来到中国，亲身感受中国的变化，感受中国青年的时代风貌，从而认识一个真正的中国。

7.2.3　文化消费

如今，电竞产业在全球范围内都处于一种高速发展的趋势，各种各样的电竞产品和电竞项目层出不穷，电子竞技职业赛事也建立起了更加完善的生态体系，庞大的游戏群体随着互联网时代的高速传播也在不断增长着，这些玩家普遍都十分年轻，在电竞产业市场上，他们将成为电竞文化消费的主力军。

这种对于经济消费的拉动是电子竞技作为经济新动能的直接体现。首先，电竞爱好者们已经习惯了游戏内消费，并且十分热衷于此，他们在游戏内购买大量的服装和品牌外设。比如，《英雄联盟》S6 赛季的总决赛皮肤"冠军之刃-劫"就在推出当年内创造了超过 1 200 万美元的销售额。而《绝地求生》在 2018 年推出饰品和游戏交易市场后，也一度出现稀缺饰品天价出售的情况。游戏玩家的消费实力不可小觑。商家们还可以选择和电竞企业合作举办赛事，在比赛场地设立线下购物场所，实现"集市+电竞"的跨界融合，利用到场的观众创造经济流量。同时，还可以通过与电竞明星合作，推出相关的联名饰品、周边，或是通过游戏互动、社交互动等方式，通过电竞粉丝经济拉动销售。对于线下粉丝而言，线下电竞赛事、直播等方式都是很好的机会，可以将粉丝引流至电商平台。这些都是"电竞+新零售"的尝试模式。据《2017 中国电竞研究报告》显示，国内有 45%的电竞联赛观众愿意为联赛花钱，平均每年花费 209 元。

电子竞技行业地位不断提升，在普通大众中有一定热度，也获得了国家官方政策上的支持，面对这种局势，网吧行业可以说是最大的受益人。电子竞技游戏一般都要求较高的硬件配置，许多宅在家里玩手机的人会不得不外出来到网吧进行游戏，电子竞技的组队需求也能通过网吧的线下社交功能来实现。网吧作为网络文化传播和内容消费的载体，拥有良好的设备资源和用户资源，电子竞技人气的提升为网吧带来了新的转型机会和增长点，通过与电竞相结合，网吧可以在非职业电竞市场中挖掘更多的消费需求，如承办小型民办电竞赛事，或是组织比赛直播观战活动等，都是可行的方案。据中国互联网上网服务行业协会最新发布的《2016 中国互联网上网服务行业发展报告》显示，截至 2016 年，全国共有网吧场所 15.2 万家，用户规模达 1.22 亿人次，而这一数据还会在未来几年内不断升高。

在未来，连锁的、大型的电竞馆的出现是大势所趋，只有这种大型电竞馆才有能量带动起周边的消费，电竞馆的内容也不单单是上网玩游戏，而是可以进行日常消费娱乐、观看职业比赛、参与玩家赛事、明星选手见面会等各类型电竞相关主题活动的场所，成为一个承接线上和线下的落地点。在这里，玩家们可以与电竞明星和职业选手近距离接触，也可以与爱好者们进行交友沟通。电竞馆将成为拥有独特电竞文化背景和大量电竞周边服务的电竞资源聚集点。

7.3　社会价值

电子竞技的参与门槛很低，吸引了很多人的参与。由于电子竞技具备社交属性，因此人们在电子竞技场景中能够建立一种社会联系。同时，电子竞技已经不再是单纯的"玩游戏"，而是已经成为了一项正式的职业。因此，电子竞技不但能够创造商业价值和文化价值，还能创造社会价值。

7.3.1 增加就业岗位

随着时代的发展，很多职业消失在了历史的长河中。但是，既然有旧的职业消失，就有新的职业出现。例如，淘宝店主和网络主播等，都是最近10年才出现的新兴职业。同样的，电子竞技也是属于新时代的新职业。

新职业的发展初期必然需要大量的专业从业人员，因此电子竞技可以为社会带来很多新增的就业岗位。以国内著名游戏运营商完美世界为例，完美世界联合国家体育总局、国内知名高校、专业电竞内容平台等，培养游戏研发、影视后期、动漫研发、新媒体及电子竞技运动与管理5个方向的专业人才。同时，完美世界与全球顶级赛事和俱乐部签署协议，保证了学员们的就业。

如今，消费者对于电竞产业的消费需求已经不仅停留在物质层面，而是逐渐向精神层面转移。对于从业者而言，这意味着可以摆脱在产业发展初期时受到的众多限制，工作内容不再局限于如何打好比赛，还可以在其他内容创新上发力。整个电子竞技产业的职业岗位都呈现出一种多样化的局面，使从业者有了更多的选择。

7.3.2 传递体育精神

《奥林匹克宪章》中"奥林匹克主义的原则"条款中有这样一段话："每一个人都应享有从事体育运动的可能性，而不受任何形式的歧视，并体现相互理解、友谊、团结和公平竞争。"这段话很好地诠释了什么是体育精神。

在传统体育项目中，选手们在赛场外刻苦训练，努力提高竞技水平；

在赛场上互相理解和尊重，按照公平的规则竞赛，力争取得好成绩；比赛结束时，还能够收获深厚的友谊。这就是体育精神的体现。而这样的精神，我们如今都能在电子竞技的赛场上看到。亚洲电子体育联合会主席霍启刚曾经表示，电子竞技所倡导的"个人拼搏，团队合作，全力争胜"的精神和传统体育活动是完全一致的。

电子竞技作为一种新型的体育运动，十分强调竞技性和团队合作，对选手个人的抗压能力和身体素质也有一定要求。以《刀塔 2》为例，职业《刀塔 2》战队平时要进行长时间、高水平训练。队员们需要通过训练培养超强的反应能力，队员之间还要相互磨合，建立起属于自己的一套攻防战术体系，这与篮球、足球等传统体育运动别无二致。

电子竞技选手在竞技中对于胜利的孜孜追求，体现了拼搏进取的精神；失败后及时调整心态，重新投入到高强度、高重复性的训练中去，则体现了"重在参与、永不放弃、永不气馁、永不低头"的精神。此外，电子竞技冲破了传统体育在场地、运动员身体素质等方面的限制，使得很多残疾人选手获得了与常人同场竞技的机会。

如今，还出现了"电子竞技"精神。很多投身电子竞技的年轻人在各自所在的领域都做到了极致。无论是作为职业电子竞技选手刻苦训练，争取获得更好的成绩，还是作为相关从业人员做好本职工作，共同推动电子竞技向前发展，人们都付出了巨大的努力。如果说，过去电子竞技从业者只是出于爱好，现在则是把爱好变成了毕生追求的事业。他们在前进的过程中遇到了很多前所未见的困难，但是没有放弃，而是克服困难、披荆斩棘。

电子竞技精神不但体现在不断超越自我，向着更高水平迈进，还包括热爱自己选择的职业，热爱自己所处的行业。如今的电竞人正在携手并进，扬帆远航。他们相信，在电子竞技的道路上，"胜则优雅，败则光荣"。只要有分享和包容的精神，就能收获快乐。

7.3.3 提高个人素质

电子竞技结合了体育运动和电子信息技术，能够提升电竞参与者的身体机能，包括手眼协调性、反应的灵敏度和思维的逻辑性等。因此，电子竞技不但能够增加就业岗位，传递体育精神，还能促进人的德育智育水平，提升个人素质。

电子竞技与传统体育项目相比，具有很强的参与性和互动性。在这个过程中，电竞参与者要利用视觉和感知对环境进行分析，并通过直觉思维和逻辑思维做出判断，结合已经掌握的经验来准确地得出应有的反应。这不仅考察电竞参与者的观察能力、反应能力和动手能力，还考察记忆力、分辨力和思维能力。因此，参与电子竞技能够提升智力水平，使人在面对复杂问题时，能够更全面地观察和思考，并快速制定对策。

同时，电子竞技具有交互性和对抗性，因此电子竞技还能实现群体教育。交战的双方都需要通过团体协作才能取得胜利，团队成员需要密切配合，使用集体策略，完成共同的目标或任务。在协同作战的过程中，团队成员之间会形成默契，进而锻炼和培养合群、协作、尊重和宽容等良好品质。

电竞名词表

中文名称	英文全名	英文缩写	名词解释
英雄联盟	League of Legends	LOL	由拳头公司开发、腾讯游戏代理、中国大陆地区运营的一款电子游戏
拳头公司	Riot Games		2006年成立的美国网游开发商
阴极射线管娱乐装置	Cathode ray tube amusement device		人类历史上的首款电子游戏
	PONG		雅达利公司制作的第一款风靡全球的游戏
雅达利公司	The Atari		第一家计算机游戏机厂商
《太空侵略者》锦标赛	The space Invaders Championship		1980年，雅达利公司举办的游戏竞赛，参与人数超过了1万人
吃豆人	Pac-Man		南梦宫公司于1980年在街机上推出的游戏，1982年3月由雅达利公司发售Atari 2600版
华纳公司	Warner Bros. Entertainment, Inc.	Warner Bros.	全球最大的电影和电视娱乐制作公司之一
ET外星人	E.T. the Extra-Terrestrial		史蒂文·斯皮尔伯格导演的科幻电影，于1982年6月11日上映
任天堂	Nintendo Co., Ltd.	Nintendo	全球知名娱乐厂商，现代电子游戏产业的开创者
任天堂世界锦标赛			历史上首个正式的电子游戏比赛
超级马里奥兄弟	Super Mario Bros.		由任天堂公司开发并于1985年出品的游戏
	Rad Racer		由日本游戏厂商SQUARE开发的一款赛车游戏

续表

中文名称	英文全名	英文缩写	名词解释
俄罗斯方块	Tetris		由俄罗斯人阿列克谢·帕基特诺夫于1984年6月发明的休闲游戏
雷神之锤	Quake		由Raven Software开发的一款射击类PC游戏
星际争霸	StarCraft		由暴雪娱乐制作发行的一款即时战略游戏
反恐精英	Counter-Strike	CS	由维尔福公司开发的一款第一人称射击类系列游戏
刀塔、古迹守卫、守护遗迹	Defense of the Ancients	DOTA	由暴雪公司出品的即时战略游戏《魔兽争霸3》的一款多人即时对战、自定义地图
王者荣耀			由腾讯游戏天美工作室群开发并运行的一款MOBA类手机游戏
球球大作战	Battle of Balls		由巨人网络Superpop&Lollipop工作室自主研发的一款手机网络游戏
《刀塔2》国际邀请赛	The International DOTA2 Championships	TI	该赛事创立于2011年,是一个全球性的电子竞技赛事,每年举办一次,由维尔福公司主办
LGD电子竞技俱乐部	LGD-Gaming	LGD	成立于2009年的中国电子竞技俱乐部
iG电子竞技俱乐部	Invictus Gaming	iG	成立于2011年的中国电子竞技俱乐部
iG.V战队		iG.V	IG战队第二个DOTA2分部
Newbee(新兵)电子竞技俱乐部	Newbee Gaming	Newbee	成立于2014年2月28日的中国电子竞技俱乐部
LFY战队	LGD.Forever Young	LFY	LGD战队的两支Dota2战队之一
Liquid战队	Team Liquid	Liquid	成立于2000年的荷兰电竞战队
Wings电子竞技俱乐部	Wings Gaming	Wings	成立于2014年8月的中国电子竞技俱乐部

续表

中文名称	英文全名	英文缩写	名词解释
《英雄联盟》全球总决赛	World Championship	S系列	《英雄联盟》的官方赛事,也是电子竞技界含金量最高、经济水平最高、知名度最高的赛事之一
WE电子竞技俱乐部	Team WE、World Elite	WE	成立于2005年4月21日的中国电子竞技俱乐部
台北暗杀星战队	Taipei Assassins	TPA	中国台湾的一支电竞战队
皇族电子竞技俱乐部	Royal Club		成立于2012年5月的中国电子竞技俱乐部
RNG战队	Royal Never Giveup	RNG	皇族《英雄联盟》分部
OMG电子竞技俱乐部	OMG Electronic Sports Club	OMG	成立于2012年6月的中国电子竞技俱乐部
SKTelecom T1《英雄联盟》分部	SKTelecom T1	SKT、SKT T1、SKT1	韩国的一支电子竞技俱乐部
世界电子竞技大赛	World Cyber Games	WCG	创立于2000年,是一个全球性的电子竞技赛事
中国电子竞技大会	China Internet Gaming	CIG	由中国信息产业部发起、各大通信运营商支持的,以网络游戏比赛、展览、论坛、峰会、调查为内容的综合性活动;是迄今国内规格和级别最高、阵容最强、参与人数最多、覆盖范围最广的国家级电子竞技盛会
	Arena of Valor		王者荣耀的国际版
部落冲突	Clash of Clans	COC	芬兰游戏公司Supercell推出的一款手机策略游戏
部落冲突:皇室战争	Clash Royale		以《部落冲突》的角色和世界观为原型,加入即时策略、MOBA以及卡牌等元素,推出的全新的手机卡牌游戏
超级细胞公司	Supercell		芬兰移动游戏巨头

续表

中文名称	英文全名	英文缩写	名词解释
实况足球	Pro Evolution Soccer	PES	由日本游戏软件商 KONAMI 制作开发的一款足球游戏
炉石传说	HearthStone：Heroes Of Warcraft		由暴雪娱乐开发的一款集换式卡牌游戏
暴雪娱乐公司	Blizzard Entertainment	Blizzard	美国的一家著名视频游戏制作和发行公司
维尔福软件公司	Valve Software	Valve	美国的一家专门开发电子游戏的公司
英特尔	Intel Corporation（Integrated Electronics Corporation）	Intel	全球最大的个人计算机零件和 CPU 制造商
微软	Microsoft Corporation	MS	美国的一家跨国科技公司，世界 PC 软件开发的先导
美国超威半导体公司	Advanced Micro Devices，Inc.	AMD	美国的一家微处理器制造商
绝地求生	Playerunknown's Battlegrounds	PUBG	一款战术竞技型射击类沙盒游戏
多人联机在线竞技游戏	Multiplayer Online Battle Arena Games	MOBA	通常以 5V5 的对战模式展开，每位玩家操控自己选择的一名游戏角色与对方玩家争夺地图上显示的资源。通过实战对抗，先移除对方核心建筑的一方为胜
《王者荣耀》职业联赛	King Pro League	KPL	《王者荣耀》官方最高规格的职业赛事
Liquid 战队	Team Liquid	TL	2000 年在荷兰成立的一支国际电子竞技职业组织
《英雄联盟》韩国职业联赛	LoL Champions Korea	LCK	《英雄联盟》在韩国地区的顶级联赛
《英雄联盟》大师赛	League of Legends Master Series	LMS	《英雄联盟》在中国台港澳地区的顶级联赛

续表

中文名称	英文全名	英文缩写	名词解释
《英雄联盟》冠军联赛	League of Legends Championship Series	LCS	《英雄联盟》在欧洲和北美地区的顶级联赛
《英雄联盟》职业联赛	League of Legends Pro League	LPL	中国大陆最高级别的《英雄联盟》职业比赛
独联体顶级联赛	League of Legends Continental League	LCL	《英雄联盟》在独联体的顶级联赛
巴西《英雄联盟》联赛	Campeonato Brasileiro de League of Legends	CBLOL	《英雄联盟》在巴西的顶级联赛
Garena 超级联赛	Garena Premier League	GPL	Garena 举办的大型《英雄联盟》国际联赛
		LLN	《英雄联盟》在北拉丁美洲的顶级联赛
		CLS	《英雄联盟》在南拉丁美洲的顶级联赛
		TCL	《英雄联盟》在土耳其的顶级联赛
		OPL	《英雄联盟》在大洋洲的顶级联赛
《英雄联盟》日本联赛	League of Legends Japan League	LJL	《英雄联盟》在日本的顶级联赛
三星电子竞技俱乐部	Samsung Galaxy	SSG	成立于 2005 年的韩国电子竞技俱乐部
		QGhappy	2017 年 2 月 8 日，QG 电子竞技竞技俱乐部收购 Hero 战队，取名"QGHAPPY"
第一人称射击游戏	First-person Shooter	FPS	一种可以通过互联网来实现联机的游戏，玩家以第一人称的主观视角参与游戏
德军总部 3D	Wolfeniten 3D		第一款第一人称射击游戏，由 id Software 公司于 1993 年发行
毁灭战士	Doom		id Software 公司于 1993 年发行的一款第一人称射击游戏

续表

中文名称	英文全名	英文缩写	名词解释
守望先锋	Overwatch	OW	暴雪出品的第一人称射击电脑游戏，也是全球首款团队射击游戏
彩虹六号	Rainbow Six		知名游戏厂商育碧（Ubi）旗下的知名系列射击模拟游戏
育碧娱乐软件公司	Ubisoft Entertainment	Ubi	总部设于法国的一家跨国的游戏制作、发行和代销商
霹雳小组		SWAT	经典警匪游戏
Steam 平台		Steam	一个整合游戏下载平台
蓝洞公司	Bluehole		韩国的一家游戏公司
《反恐精英：全球攻势》特级锦标赛		CS：GO Major	由维尔福公司决定主办方并给予赞助的最高级别《反恐精英：全球攻势》比赛
《反恐精英：全球攻势》次级锦标赛		CS：GO Minor	《反恐精英：全球攻势》洲际预选赛
《守望先锋》联赛	Overwatch League		由暴雪娱乐主办的《守望先锋》游戏职业联赛
《彩虹六号》国际邀请赛			《彩虹六号：围攻》游戏电竞赛事中水平最高的职业赛事
全境封锁	Tom Clancy's The Division		一款第三人称射击类游戏，可切换为第一人称射击
战地 1	Battlefield 1		一款第一人称射击类游戏
泰坦陨落 2	Titanfall 2		一款第一人称射击类游戏
战争机器 4	Gears of War 4		一款第三人称射击类游戏，可切换为第一人称射击
即时战略游戏	Real-Time Strategy Game	RTS	RTS 游戏的对战过程是即时进行的。在这款游戏中玩家们更多的会扮演将军类的角色，通过排兵布阵进行战斗

续表

中文名称	英文全名	英文缩写	名词解释
策略游戏	Strategy Game		需要玩家动脑完成游戏目标获得胜利的游戏
	Stonkers		1983 年发行的一款游戏
	The Ancient Art of War		1984 年在北美发行的一款游戏
	Cytron Masters		1982 年发行的一款游戏
	Utopia		1982 年发行的一款游戏
	Legionnaire		1982 年发行的一款游戏
沙丘 2	Dune2		1992 年《沙丘 2》的出现让现代 RTS 游戏中的核心概念得到明确，基本框架得以形成。RTS 游戏因此成为电子游戏中一个单独的类别
红色警戒	Command & Conquer：Red Alert		《命令与征服》系列的即时战略游戏
家园	Homeworld		1999 年推出的最早的全 3d 即时战略游戏
	Machines		尝试将 RTS 与 FPS 相结合的一款游戏
太阳帝国的原罪	Sins of a Solar Empire		一款即时太空策略游戏
帝国时代	Age of Empires	AOE	美国全效工作室于 1997 年推出的计算机游戏
全效工作室	Ensemble Studios		1995 年创建于美国的一家游戏开发公司，2001 年被微软收购
	FIFA		美国艺电公司出品的系列游戏
世界电脑游戏挑战赛	World Cyber Game Challenge	WCGC	世界电子竞技大赛（World Cyber Games，WCG）的前身
穿越火线	CrossFire	CF	由韩国 Smile Gate 公司开发的一款第一人称射击游戏
英魂之刃			全球首款微端类《刀塔》对战网游

续表

中文名称	英文全名	英文缩写	名词解释
风暴英雄	Heroes of the Storm		由暴雪娱乐公司开发的一款在线多人竞技 PC 游戏
虚荣	Vainglory		由美国研发商 Super Evil Megacorp 开发的一款魔幻风格多人在线竞技手机游戏
斗鱼 TV	DouYu		一家弹幕式直播分享网站
熊猫 TV	PandaTV		一家弹幕式视频直播网站
格斗游戏	Fight Technology Game	FTG	一种通过操控游戏角色以格斗的方式进行竞技的游戏
功夫	KONG FU		1985 年推出的一款红白机游戏
街头霸王	Street Fighter	SF	由日本 CAPCOM 公司于 1987 年推出的格斗类单机游戏系列
卡普空公司	CAPCOM		日本的一家电视游戏软件公司
拳皇	King Of Figthers	KOF	1994 年日本游戏公司 SNK 在 MVS 游戏机板上发售的对战型格斗游戏系列
		SNK	日本的一家游戏制作开发和销售公司
VR 战士	Virtua Fighter		史上第一款 3D 格斗游戏
世嘉公司	SEGA Corporation	SEGA	日本的一家电子游戏公司
铁拳	The King of Iron Fist Tournament	TEKKEN	由日本游戏公司 NAMCO（南梦宫）开发制作并发行的一款格斗电玩游戏系列
南梦宫公司	NAMCO		日本的一家知名游戏企业
斗剧	Tougeki		著名的电子竞技赛事，由日本著名的游戏杂志《月刊 ARCADIA》主办，是一项以街机格斗游戏为中心的全国级游戏大赛。后来，《斗剧》还提供了海外选手的名额，使得《斗剧》成为了国际性的格斗游戏大赛

续表

中文名称	英文全名	英文缩写	名词解释
北美格斗游戏比赛	Evolution Championship Series	EVO	一年一度的格斗游戏专业级赛事，也是目前全球最大规模的格斗游戏赛事
任天堂明星大乱斗	Super Smash Bros	SSB	一系列对战型动作游戏
龙珠斗士Z	Dragon Ball Fighter Z		一款动作格斗类游戏
卡牌游戏	Collectible card game 或 Trading card game	CCG 或 TCG	桌面游戏中的一种
《炉石传说》世界锦标赛	Hearthstone Championship Tour	HCT	暴雪公司主办的《炉石传说》官方电竞赛事
《皇室战争》皇冠锦标赛	Crown Championship Global Series	CCGS	最具权威的《皇室战争》全球电竞赛事，由游戏出品方 SUPERCELL 主办
巴哈姆特之怒	Rage of Bahamut		由 Cygames 公司开发的卡牌对战游戏
	Cygames		日本的一家以手机游戏应用开发为主要业务的公司
漫威战争英雄	Marvel: War of Heroes		DeNA 与 Marvel（漫威）合作推出的美漫英雄为主题的卡牌对战游戏
	DeNA		日本的一家网络服务公司，业务涵盖社交游戏、电子商务等领域。主要经营社交游戏平台 Mobage 梦宝谷
不义联盟：我们心中的神	Injustice: Gods Among Us		华纳兄弟公司开发的一款 iOS 平台角色扮演类游戏
美国艺电公司	Electronic Arts	EA	全球著名的互动娱乐软件公司，主要经营各种电子游戏的开发、出版以及销售业务
	Bethesda Softworks	Bethesda	美国的一家游戏发行商
休闲游戏	Casual Game		比较简单易上手的电子游戏，游戏题材和操作形式都不固定

续表

中文名称	英文全名	英文缩写	名词解释
跳一跳			微信平台上的一款小程序
《球球大作战》职业联赛	Battle of Balls Professional League	BPL	《球球大作战》的官方职业联赛,是全世界首款休闲类手游的竞技赛事
Joker战队			《球球大作战》的王牌战队
棋牌游戏			棋盘游戏和纸牌游戏的统称
途游游戏	Tuyoo		专注于休闲棋牌类游戏的互联网公司
TUPT途游棋牌锦标赛	Tuyoo Poker Tournament	TUPT	途游游戏推出的高规格棋牌竞技赛事
无人机竞赛			一项利用无人机作为运动器械进行的人与人之间的智力和体力对抗的新兴电子竞技体育项目
FPV无人机竞赛			参赛者戴着第一人称视角(FPV)虚拟现实头盔操作无人机进行竞技的比赛
Santa Cruz FPV无人机比赛			在美国航模协会支持下举办的无人机比赛
全美无人机锦标赛			
美国无人机联赛			
无人机竞赛联盟	Drone Racing League	DRL	全球顶级的无人机比赛之一
大疆	SZ DJI Technology Co., Ltd.		中国的一款无人机品牌
广州首届低空无人机大赛暨无人机产学研联盟			2016年5月7日举办的面向无人机企业的竞技比拼
中国国际无人机竞技挑战赛			由国家体育总局和中国航空运动协会指导的无人机比赛
机器人世界杯	Robot World Cup	RoboCup	机器人足球比赛

续表

中文名称	英文全名	英文缩写	名词解释
机器人足球赛	Fira		在全球范围内每年举行一次的机器人足球比赛
亚太大学生机器人大赛	ABU RoboCon		一年一度的重大国际性机器人赛事
全国大学生机器人电视大赛	CCTV ROBOCON		由中央电视台主办的全国大学生科技活动
国际机器人奥林匹克竞赛	International Robot Olympiad	IRO	由国际奥林匹克机器人委员会（IROC）和丹麦乐高教育事业公司合办的国际性机器人比赛
无限制机器人格斗职业联赛	Major League FMB	MLF	这一比赛的参赛选手是来自全球的各大机器人格斗职业俱乐部，是专业从事机器人竞技的俱乐部联盟。这个联盟的宗旨是发展机器人竞技事业，用职业化的电子竞技赛事促进民用机器人领域的进步，引导科技的创新
美国机器人大擂台	Robot Wars US		从1994年开始举办的机器人赛事
博茨大战	Battlebots		机器人大擂台停办后，由美国玩家Greg Munson和Trey Roski发起的新的机器人比赛
	Robotica		探索频道旗下的TLC创立新的机器人比赛
	Robot Fighting League		美国规模最大的机器人联盟，专注于各种机器人格斗比赛
机器人综合世界锦标赛			美国最高级别的机器人赛事
暴雪嘉年华	BlizzCon		暴雪娱乐公司举办的一年一度的游戏盛事，举办地点在美国

续表

中文名称	英文全名	英文缩写	名词解释
英特尔极限大师赛	Intel Extreme Master	IEM	由英特尔与电子竞技赛事组织 ESL 共同创办的知名赛事
电子竞技联盟	Electronic Sports League	ESL	欧洲著名电子竞技组织
世界电子竞技协会	World Esports Association	WESA	由 ESL 于 2016 年 5 月宣布正式成立，旨在于规范全球电竞氛围
Fnatic 战队	Fnatic Team	Fnatic	欧洲乃至全世界历史最悠久、最成功和最受欢迎的《英雄联盟》战队之一
Na'Vi 战队	Natus Vincere	Na'Vi	乌克兰知名电竞战队
Virtus.pro 战队	Virtus.pro		波兰知名电竞战队
韩国职业电子竞技协会	Korea eSports Association	KeSpa	在韩国建立的管理电子竞技的机构
中国电子竞技俱乐部联盟	Association of China E-sports	ACE	由国内众多顶尖俱乐部联合发起组建的类似工会的民间组织
腾讯游戏	Tencent Games		腾讯四大网络平台之一，是国内最大的网络游戏社区
网易游戏	Netease Games		国内领先的游戏研发公司之一
西山居			中国第一个游戏研发工作室
盛大游戏	NASDAQ：GAME		中国最早引进国外游戏运营的公司之一
完美世界	Perfect World Co., Ltd		完美世界是中国最早在海外运营的游戏公司，致力于将中国游戏出口海外
义乌国际电子竞技大赛	International Esports Tournament	IET	由国家体育总局体育信息中心、浙江省体育局、中国体育报业总社主办，义乌市人民政府、北京华奥星空科技发展有限公司承办的综合类专业赛事
世界电子游戏竞技大赛	World Cyber Arena	WCA	一项全球性的电子竞技赛事

续表

中文名称	英文全名	英文缩写	名词解释
全国电子竞技大赛	National Electronic Sports Tournament	NEST	由国家体育总局体育信息中心主办的一项电竞赛事
中国电子竞技娱乐大赛	China Electronic Sport Tournament	CEST	由文化部备案指导的国家级电竞泛娱乐赛事体系
全民枪战	Crisis Action	CA	由英雄互娱公司于2014年发行的一款第一人称射击类手游
英雄互娱	Hero Entertainment		中国的一家移动电竞游戏研发商、发行商
TGC 移动大奖赛			
移动电竞娱乐赛	miniStation Mobile Entertainmenti Competition	MMEC	由腾讯领衔开展的开放性综合移动电竞赛事平台
英雄联赛	Hero Pro League	HPL	由英雄互娱公司发起的移动电竞赛事
太极熊猫	Tai Chi Panda		一款动作 RPG 手机游戏
《刀塔2》亚洲邀请赛	DOTA2 Asia Championships	DAC	由完美世界主办的一年一度的中国《刀塔2》顶级盛宴
刺客信条	Assassin's Creed		一款动作冒险类游戏
黑暗之魂	Dark Souls		一款黑暗奇幻角色扮演游戏
中国电子竞技运动会	China E-sports Games	CEG	由中华全国体育总会主办的最具权威性的国家级电子竞技联赛
魔兽争霸3:冰封王座	Warcraft III: Frozen Throne	WAR3	《魔兽争霸3：冰封王座》（WarcraftⅢ）是一款即时战略游戏，是暴雪娱乐出品的《魔兽争霸》系列第三代作品，于2002年正式发行

电子竞技系列教材书本目录：

1 《电子竞技新论》

2 《电子竞技史》

3 《电子竞技游戏解析》

4 《电子竞技赛事运营与管理》

5 《电竞中英韩语言应用》

6 《电竞数据分析原理》

8 《电竞主持与解说》

7 《电竞比赛及活动案例解析》

9 《电竞舞台设计》

10 《电竞节目编导与策划》

11 《电竞俱乐部运营与管理》

12 《电竞经纪与法律》

13 《OB 技术应用原理》

14 《电竞心理学》

15 《电竞营养与理疗》

16 《电竞裁判规范》

17 《电竞内容营销与推广》

18 《电竞场馆运营与管理》

反侵权盗版声明

电子工业出版社依法对本作品享有专有出版权。任何未经权利人书面许可，复制、销售或通过信息网络传播本作品的行为，歪曲、篡改、剽窃本作品的行为，均违反《中华人民共和国著作权法》，其行为人应承担相应的民事责任和行政责任，构成犯罪的，将被依法追究刑事责任。

为了维护市场秩序，保护权利人的合法权益，我社将依法查处和打击侵权盗版的单位和个人。欢迎社会各界人士积极举报侵权盗版行为，本社将奖励举报有功人员，并保证举报人的信息不被泄露。

举报电话：（010）88254396；（010）88258888

传　　真：（010）88254397

E-mail：　dbqq@phei.com.cn

通信地址：北京市海淀区万寿路173信箱
　　　　　电子工业出版社总编办公室

邮　　编：100036